suhrkamp taschenbuch
wissenschaft 202

Alfred Schütz, geboren 1899 in Wien, emigrierte 1939 in die Vereinigten Staaten. In New York übernahm er 1943 eine Lehrtätigkeit an der Graduate Faculty der New School for Social Research, die er bis zu seinem Tod im Jahre 1959 innehatte. Von ihm liegen im Suhrkamp Verlag vor: *Der sinnhafte Aufbau der sozialen Welt* (stw 92) und *Das Problem der Relevanz*.

Talcott Parsons, geboren 1902, ist seit 1944 Professor an der Harvard University. Von ihm liegt in den *suhrkamp taschenbüchern wissenschaft* der Band *Gesellschaften* (stw 106) vor.

Walter M. Sprondel lehrt an der Universität Konstanz.

In den Jahren 1939/40 findet an der Harvard University ein interdisziplinäres Kolloquium zu Problemen der Rationalität in den Sozialwissenschaften statt, zu dem Alfred Schütz eingeladen wird. Alfred Schütz hatte 1932 seine Arbeit *Der sinnhafte Aufbau der sozialen Welt* veröffentlicht. Nach seiner Emigration in die USA suchte er Kontakt zu Talcott Parsons, der in der *Structure of Social Action* sich zu gleichen und verwandten Problemen geäußert hatte. Im Rahmen der Diskussionen in Harvard hat Schütz eine umfangreiche, etwa 80 Seiten umfassende Kritik zur *Structure of Social Action* geschrieben, die im wesentlichen unveröffentlicht blieb. Zu einer mündlichen Diskussion ist es offensichtlich nicht mehr gekommen, statt dessen hat Talcott Parsons in drei langen Briefen geantwortet, während Schütz wiederum eine etwa 30seitige Replik schrieb. Schließlich hat Parsons im Jahre 1974, darauf angesprochen, einen Rückblick auf diese Diskussion verfaßt. Der hier erstmals veröffentlichte Briefwechsel der beiden Sozialwissenschaftler läßt in der direkten Konfrontation der beiden Ansätze die Entwicklung einer Theorie sozialen Handelns eindringlich mitvollziehen.

Alfred Schütz
Talcott Parsons
Zur Theorie sozialen Handelns

Ein Briefwechsel

Herausgegeben und eingeleitet
von Walter M. Sprondel

Suhrkamp

suhrkamp taschenbuch wissenschaft 202
Erste Auflage 1977
© Suhrkamp Verlag Frankfurt am Main 1977
Suhrkamp Taschenbuch Verlag
Alle Rechte vorbehalten
Satz: IBV Lichtsatz KG, Berlin
Druck: Nomos, Baden-Baden
Printed in Germany.
Umschlag nach Entwürfen von
Willy Fleckhaus und Rolf Staudt.

CIP-Kurztitelaufnahme der Deutschen Bibliothek
Zur Theorie sozialen Handelns:
e. Briefwechsel / Alfred Schütz; Talcott Parsons.
Hrsg. u. eingel. von Walter M. Sprondel. – 1. Aufl. –
Frankfurt am Main: Suhrkamp, 1977. (Suhrkamp-
Taschenbücher Wissenschaft; 202)
ISBN 3-518-07702-X
NE: Schütz, Alfred [Mitarb.]; Parsons, Talcott
[Mitarb.]; Sprondel, Walter M. [Hrsg.]; Schütz,
Alfred: [Sammlung] Zur Theorie sozialen Han-
delns; Parsons, Talcott: [Sammlung] Zur Theorie
sozialen Handelns

Inhalt

Editorisches Vorwort

Die hier vorgelegten Texte zur Theorie sozialen Handelns entstammen mit einer Ausnahme dem Nachlaß von Alfred Schütz. Darin befinden sich ein Konvolut mit dem abgedruckten Essay von Schütz zu Talcott Parsons' Buch *The Structure of Social Action,* umfangreichen Notizen und Exzerpten aus verschiedenen Schriften von Parsons, sowie der Korrespondenz zwischen beiden Gelehrten aus den Jahren 1940 und 1941. In seinem letzten Brief an Parsons, mit dem dieser Gedankenaustausch im April 1941 abbrach, hat Schütz erläutert, daß und warum er seinen Essay zu Parsons' Buch in dieser Form nicht veröffentlichen wollte. Heute sind es vor allem zwei Gründe, die ein Abweichen vom ausdrücklichen Wunsch des Autors rechtfertigen können. Zum einen ist gegenwärtig das Werk von Alfred Schütz soweit bekannt, daß die kritische Position, die er hier gegenüber Parsons einnimmt, den notwendigen Verständniskontext vorfindet. Zum anderen ist es umgekehrt für das Verständnis der Schützschen Theorie von Interesse zu sehen, daß und wie wichtige ihrer Formulierungen *auch* in direkter Auseinandersetzung mit der ganz anders gearteten Theorie von Talcott Parsons entstanden sind.

Aus dem Gesamtmaterial wurden, abgesehen von den Notizen, nur jene Briefe ausgesondert, die mit dem sachlichen Thema in keinem Zusammenhang stehen. Sämtliche Texte wurden in ihrer ursprünglichen Form belassen. Lediglich in Alfred Schütz' Essay wurden einige Zwischentitel und erläuternde Anmerkungen beigefügt. Diese Ergänzungen wurden durch den Zusatz (Hrsg.) kenntlich gemacht.

Talcott Parson's *Rückblick nach 35 Jahren,* mit dem dieser Band schließt, ist aus der Herausgeberkorrespondenz mit dem Autor hervorgegangen. Er faßt noch einmal die Differenzpunkte mit Alfred Schütz zusammen, freilich aus der Sicht eines Autors, der seit der Diskussion ein umfängliches Œuvre publiziert hat. Natürlich wäre eine entsprechende Replik von Alfred Schütz angemessen und äußerst reizvoll; auch für dessen Werk sind wesentliche Fortentwicklungen, Ausweitungen und Präzisierungen charakteristisch. Die Tatsache aber, daß Parsons darauf verzichtet hat, gänzlich *neue* Fragen der Diskussion anzuschneiden, rechtfertigt es, die Diskussion mit seiner Replik enden zu lassen.

Wiederum mit einer Ausnahme sind diese Texte bisher unpubliziert. Lediglich die letzten Abschnitte des Schütz-Essays erschienen bisher unter dem Titel *The Social World and the Theory of Social Action* (*Collected Papers*, Vol. 2, Den Haag 1964; dt. *Gesammelte Aufsätze*. Den Haag 1971), als eine gedrängte Fassung seiner Position zur Theorie sozialen Handelns. Der damalige Herausgeber, Arvid Brodersen, entschied sich aber verständlicherweise für eine »gereinigte« Fassung, in der die wörtlichen und terminologischen Bezüge auf Parsons' Buch eliminiert wurden; diese wurden für die hier vorgelegte Ausgabe nach dem Manuskript wiederhergestellt.

Lediglich der erste Brief von Alfred Schütz wurde in deutscher Sprache geschrieben. Alle übrigen Texte wurden nach den Nachlaßmanuskripten von mir übersetzt. Bei dem bereits publizierten Abschnitt aus dem Schütz-Essay habe ich wiederholt auf die Übersetzung von Alexander von Baeyer zurückgegriffen. Wegen der Abweichungen der bereits publizierten Teilfassung vom Original mußten aber an zahlreichen Stellen die Anklänge an Parsons' Terminologie wiederhergestellt werden, um den Zusammenhang zu sichern. Da Schütz bei der Niederschrift seines Essays auf die Übersetzung einiger seiner zentralen Begriffe ins Englische durch A. Stonier und K. Bode (A New Approach to the Methodology of Social Sciences, *Economica* 4 (1937), S. 406-424) zurückgegriffen hatte, wurde auch diese Arbeit für die Rückübersetzung ins Deutsche herangezogen. Dennoch bleiben, wie üblich, Übersetzungsschwierigkeiten, wie z. B.: für die Theorie von Alfred Schütz ist die Unterscheidung zwischen »Erlebnis« und »Erfahrung« von wesentlicher Bedeutung; sie wird in diesem Essay dadurch undeutlich, daß Schütz im Englischen in beiden Fällen das Wort »experience« benutzt. Nicht immer ließ sich aus dem Kontext eindeutig entscheiden, ob für die Übersetzung »Erlebnis« oder »Erfahrung« als gemeint anzusehen ist. In diesen Fällen habe ich mir durch entsprechende Umschreibungen geholfen. Diese terminologische Unschärfe spielt in der folgenden Diskussion insofern eine Rolle, als Parsons den Begriff »experience« immer im Sinne von »Erfahrung« auffaßt.

Diese Texte werden etwa zur gleichen Zeit in Amerika bei der Indiana University Press *(The Schütz-Parsons Correspondence. An Inquiry into the Structure of Social Action.)* erscheinen. Die amerikanische Ausgabe hat Richard Grathoff besorgt. Die hier vorliegende deutsche Ausgabe ist in nahezu jeder Hinsicht eine Gemeinschaftsarbeit beider Herausgeber. Ich habe Richard Grathoff für unschätzbare Hilfen zu danken, insbesondere für viele Diskussionen zu Editionsüberlegungen und Übersetzungsvarianten. Besonderer Dank gilt aber Mrs. Ilse Schütz, ohne deren Grundentscheidung dieser Band nicht zustande gekommen wäre. Sie hat unsere Arbeit mit viel Verständnis, Beharrlichkeit und großer Geduld begleitet und gefördert.

Konstanz, März 1977   Walter M. Sprondel

Einleitung

Die hier erstmals veröffentlichte Diskussion zwischen Alfred Schütz und Talcott Parsons zu wichtigen Prinzipien und Konzepten einer soziologischen Handlungstheorie spricht in mehrerer Hinsicht für sich selbst. Die thematisch konzentrierte Debatte zwischen zwei prominenten Theoretikern der Soziologie darf immer auf ein allgemeines Interesse rechnen. Drei Umstände steigern in diesem Fall den Reiz:

Da ist zunächst – und vor allem – das Thema: Bedeutung und Reichweite einer soziologischen Handlungstheorie – einschließlich der hier angeschnittenen Fragen nach der objektiven bzw. subjektiven Perspektive, der Rationalität des Handelns, nach der Relevanz des Zweck-Mittel-Schemas, nach dem methodologischen Status von Typenbegriffen etc. – sind nach wie vor aktuell, sie bilden auch heute eines der zentralen Themen der soziologischen Theoriebildung. Freilich ist noch immer ungeklärt, was die Rede von einer soziologischen Handlungstheorie genau besagt. Zur Debatte steht, ob es sich bei der Handlungstheorie um einen Ansatz (unter mehreren) handelt, der alternativ oder ergänzend neben andere (etwa Strukturtheorien) tritt; ob sie als grundlegend für die soziologische Theorie überhaupt zu gelten hat (das ist Parsons' Position); oder ob sie zu einer solchen Grundlegung nur dann fähig sei, wenn sie ihrerseits in der Konstitutionsanalyse der Lebenswelt ihr Fundament findet (Schütz' Position).

Da sind aber ferner die beiden Diskutanten, deren Namen *heute* mit sehr unterschiedlichen Forschungsprogrammen, ja oppositionellen Lagern in der Theorie verbunden sind. Für das Verständnis der folgenden Diskussion ist es aber wichtig, sich zu vergegenwärtigen, daß die uns heute sehr geläufige Kristallisierung theoretischer Schulen zur Zeit, als diese Texte entstanden, zumindest in *dieser* Form nicht bestand. Weder gab es den »Strukturfunktionalismus«, schon gar nicht in seiner aktuellen systemtheoretischen Gestalt, für den heute primär der Name Talcott Parsons steht, noch gab es eine »Phänomenologische Soziologie«, die sich vor allem auf Alfred Schütz beruft. Damals jedenfalls verband beide das gemeinsame Interesse an Max Webers Idee, die Soziologie als Wissenschaft vom sozialen Handeln zu konzipieren. Freilich: schon damals wurde sichtbar, welch unterschiedliche Probleme für beide damit aufgeworfen waren.

Und da ist schließlich die Form der Diskussion, die dieser einen spezifischen Reiz verleiht, gerade weil sie eine von Zufällen abhängige Mischung ganz unterschiedlicher Elemente darstellt. Sie beginnt mit einer Rezension von Parsons' Buch, die aber bald in einen eigenständigen Essay mündet, der Grundprinzipien einer Alternativposition formuliert. Sie wird fortgesetzt in einer Korrespondenz, die – wenngleich sachlich-thematisch konzentriert – eben doch typische Stilelemente von Briefen behält, die die Auseinandersetzung viel stärker in die Nähe einer mündlich-persönlichen Diskussion rücken, als dies beim sonst üblichen Schema Kritik–Replik üblich ist.

Obwohl also die hier veröffentlichten Texte in vieler Hinsicht für sich selbst sprechen, erscheinen einige Erläuterungen angebracht. Zunächst meint »für sich selbst sprechen« nicht, daß damit die sorgfältige Lektüre der entsprechenden Bezugswerke entbehrlich würde. Zwar beginnt Schütz seinen Essay mit einer detaillierten Wiedergabe einiger Hauptargumente der *Structure of Social Action*, aber natürlich läßt sich eine solch voluminöse Untersuchung auf wenigen Seiten nicht adäquat resumieren.[1]

Andererseits basiert seine Kritik nachhaltig auf den Detailanalysen, die Schütz im *Sinnhaften Aufbau der sozialen Welt* vorgelegt hatte. Und ebenso ist das Werk Max Webers, bei dem die Überlegungen beider ihren Ausgang nehmen, weder in Parsons' Darstellung, noch in der von Schütz umstandslos zu akzeptieren.[2]

Zum zweiten steht der Dialog in einem spezifischen historischen Kontext, den man sich vergegenwärtigen muß, soll nicht manches auf den folgenden Seiten mißverstanden werden. Keinesfalls eignet sich die heutige Etikettierung beider Autoren für ein vernünftiges Verständnis. Die notwendige Kontextualisierung des Dialogs betrifft erstens die Situation der Theoriediskussion in den Vereinigten Staaten der 30er Jahre, und zweitens die besonderen Umstände, unter denen diese Texte entstehen. Diese Einleitung beschränkt sich darauf, beide zu skizzieren.

Historiker der amerikanischen Soziologie stimmen darin überein, daß die Theorie (oder vorsichtiger gesagt: der Bezugsrahmen) des sozialen Handelns in den USA am Ende der 30er Jahre einen solchen Entwicklungsstand erreicht hat, daß sie andere, bis dahin vorherrschende Orientierungen zu verdrängen beginnt. Weit davon entfernt, ein einheitliches, in sich geschlossenes Theoriegebäude zu bilden, auf das die verschiedenen Autoren gemeinsam verpflichtet werden könnten, erscheinen in der Dekade zwischen 1930 und 1940 doch mehrere wichtige und zunehmend einfluß-reiche Versuche, die zahlreichen Anregungen, Konzepte, Forschungsstrategien und Grundlagenklärungen, die auf die Kategorie des Handelns Bezug nehmen, in je konsistenter theoretischer Perspektive neu zu fassen und zu systematisieren.[3]

Einen Durchbruch in diese Richtung bewirkt offenbar Charles H. Cooley. Obwohl zunächst durchaus noch älteren positivistischen und darwinistischen Positionen verhaftet, entwickelt er eine Theorie der sozialen Persönlichkeit, in der handlungstheoretische Konzepte Vorrang vor den ansonsten noch prominenten Determinismen gewinnen. Insbesondere seine Untersuchungen zur Entwicklung eines »Selbst« durch die Erfahrungen sozialer Handlungsprozesse in Primärgruppen führt Cooley zu zwei, für die Entwicklung der Handlungstheorie wichtigen Konsequenzen. Zum einen findet sich hier bereits die Idee der differentiellen Bewertung von Objekten der Handlungssituation durch das Subjekt und die darin implizierte »Wahl« des Handelnden. Zum anderen verlagern sich in methodischer Hinsicht die Gewichte von der Beobachtung äußeren Verhaltens auf die Interpretation des »inneren Bewußtsein«.[4]

Rückblickend kommt in diesem Zusammenhang dem Werk von George H. Mead wahrscheinlich die größte Bedeutung zu, sowohl was die Reichweite seines Denkens,[5] als auch seine theoretische Wirkung betrifft. Mead knüpft insofern an Cooley an, als auch für ihn menschliches Handeln und individuelles Bewußtsein konstitutiv an die entsprechenden Sozialprozesse gebunden ist. Andererseits vermeidet er den inhärenten Solipsismus Cooleys,[6] indem er deutlich macht, daß wechselseitige Kommunikation und Interaktion die gelernte Fähigkeit der Interaktionspartner voraussetzt, zunächst die Position eines *konkreten* Anderen einzunehmen und u. a. von dorther sein eigenes Handeln zu bestimmen. Diese Fähigkeit wird aber erst voll entfaltet, wenn das Handlungssubjekt in der Lage ist, vom unmittelbar gegebenen Handlungspartner abzusehen und sich die Verhaltenserwartungen wie die Struktur der Gruppe als ganzer, den *generalisierten* Anderen, zu eigen zu machen. Es ist vor allem anderen dieser beherrschende Grundgedanke Meads, sowohl die Genese als auch die Wirkungsmöglichkeit des Selbst rigoros in den Kontext der Sozialbeziehungen zu stellen, der seine Sozialpsychologie für eine soziologisch gerichtete Handlungstheorie so bedeutsam hat werden lassen.

Mit Florian Znaniecki ist in diesem Zusammenhang schließlich die Version einer im engeren Sinne soziologischen Handlungstheorie zu nennen, die die amerikanische Theoriediskussion der 30er Jahre kennzeichnet. Znaniecki ist überdies der einzige unter den hierher gehörenden Autoren, auf den sowohl Parsons als auch Schütz Bezug nehmen. Das lag deshalb nahe, da für Znaniecki weniger die Entwicklung des sozialen Selbst, wie bei Mead, im Mittelpunkt des Interesses steht, als die Struktur des Handelns und dessen Elemente. Bereits hier findet sich die analytische Zerlegung der Handlung in Akteure, Handlungsobjekte, Ziele und entsprechende Mittel ebenso, wie der Gedanke einer Strukturierung der Handlungssituation mittels normativer Verhaltensstandards. Insgesamt ergibt sich somit ein Schema, das dem nur wenig später von Parsons entwickelten in wesentlichen Aspekten recht ähnlich sieht.[7]

Mit Cooley, Mead und Znaniecki sind hier lediglich drei, wenn auch besonders wichtige Namen genannt, die für eine sich konsolidierende Theorie sozialen Handelns bedeutsam wurden. Aber natürlich gehören noch andere in diesen Zusammenhang, so etwa William I. Thomas, Robert Park, Ellsworth Faris, sowie insbesondere Robert MacIver und Howard Becker. Während aber mit Blick auf die theoretisch-integrative Leistung den Beiträgen von Thomas, Park und Faris nur geringe Bedeutung zukommt, erscheinen die wichtigen Bücher MacIvers und Beckers zur Handlungstheorie erst nach der hier veröffentlichten Diskussion zwischen Schütz und Parsons.[8]

Grundsätzlich zielt Parsons mit der Veröffentlichung seiner *Structure of Social Action* in die gleiche theoriepolitische Richtung, wie die genannten Autoren. Die gelegentliche Beobachtung, daß er kurioserweise auf die zeitgenössische amerikanische Theoriediskussion nahezu keinerlei Bezug nimmt, ist zwar richtig, aber doch oberflächlich. Mit seinen Attacken gegen Positivismus, Empirizismus, Utilitarismus und Darwinismus wendet sich Parsons direkt gegen prominente Theorien der amerikanischen Sozialwissenschaften, in deren Bezugsrahmen aber eine befriedigende Handlungstheorie nicht zu konzipieren ist. Und damit gehört er bei allen Unterschieden zu Recht an die Seite analoger Bemühungen von Mead, Znaniecki, MacIver u. a. Die zahlreichen Anklänge an die logische Struktur naturwissenschaftlicher Theorien, die sich bei Parsons finden, dürfen nicht übersehen lassen, daß es ihm wesentlich um die Entwicklung eines spezifisch sozialwissenschaftlichen Bezugsrahmens geht, einschließlich der methodischen Konsequenzen, die die Soziologie grundsätzlich von den Naturwissenschaften trennen.

Das ist seinerzeit von den strengen Positivisten auch genau so verstanden worden. Robert Bierstedt z. B. – damals noch ganz unter dem Einfluß von George Lundberg – hat unmittelbar nach ihrem Erscheinen Parsons voluntaristische Handlungstheorie – insbesondere das darin so wichtige Zweck-Mittel-Schema – scharf attackiert. Er sah in ihr den rückschrittlichen Versuch, die Soziologie erneut unter das Joch der Philosophie zu zwingen, von der sie sich doch gerade erst emanzipiert hatte, und warf ihr vor, durch die Verwendung »antiquierter Begriffsinstrumente« jede »objektive Analyse sozialen Handelns unmöglich zu machen«.[9]

Neben dieser Arbeit Bierstedts ist A. Schütz' Essay eine der ganz wenigen, sicher aber frühesten systematischen Auseinandersetzungen mit Parsons Handlungstheorie. Überwiegend hatten nämlich die ersten Leser der *Structure of Social Action* darin eine, wenn auch recht eigenwillige Darstellung der komplizierten und noch immer wenig bekannten Schriften von Marshall, Pareto, Durkheim und Weber gesehen. Das Urteil, in dieser Beziehung stelle es die beste, im Englischen verfügbare Untersuchung dar, kehrt immer wieder. Kritische Anmerkungen sind dementsprechend zumeist von der Frage geleitet, ob jene vier »Klassiker« zutreffend dargestellt und interpretiert wurden. Wo Parsons' Anspruch auf einen eigenen Theorieentwurf überhaupt wahrgenommen wurde, löste er zunächst eher Verwirrung aus.[10]

Für Schütz ist es die Analyse der Struktur des Handelns, also gerade der systematische Beitrag zur Theorie, der seine fortdauernde Beschäftigung mit Parsons motiviert. Ihr gemeinsames Interesse an Max Webers Idee einer handlungstheoretisch verfahrenden Soziologie machte sie überdies zu Bundesgenossen in der Kritik des sozialwissenschaftlichen Positivismus. Im *Sinnhaften Aufbau der sozialen Welt* hatte Schütz dargelegt, welche Probleme für ihn mit dieser Idee aufgeworfen wurden. In der *Structure of Social Action* fand er nach seiner Emigration in die USA die willkommene Möglichkeit, diese Diskussion fortzusetzen.

Soweit es sich bisher aus der Korrespondenz rekonstruieren läßt, wird Schütz durch die Vermittlung englischer Freunde bereits unmittelbar nach Erscheinen auf Parsons Buch *The Structure of Social Action* aufmerksam und beginnt dessen Lektüre zu Beginn des Jahres 1938. Er sieht darin sogleich eine weitausholende Ausarbeitung der Weberschen Idee, die Soziologie als Wissenschaft vom »sozialen Handeln« zu konzipieren. In seinem *Sinnhaften Aufbau der sozialen Welt* hatte Schütz in dieser Idee Webers den entscheidenden Durchbruch gesehen und den Versuch unternommen, ihr ein tragfähiges Fundament zu verschaffen. Sein erstes Urteil zu Parsons war ganz analog: »Ihr Buch beginnt dort, wo meines endet« (vgl. unten S. 106). Und: »Sie (müssen) weitere Schritte in Richtung auf eine Radikalisierung Ihrer Theorie tun« (vgl. unten S. 118). Nachdem A. Stonier und K. Bode englischsprachigen Lesern die Grundideen von Alfred Schütz vorgestellt hatten, war es zunächst dessen Absicht, in einer Buchbesprechung der *Structure of Social Action* die Bedeutung einer solchen Fundierung zu erläutern und zugleich deren Grundzüge zu skizzieren.

Auch Parsons hatte Schütz' Buch *Der sinnhafte Aufbau der sozialen Welt* recht früh, wahrscheinlich durch Alexander von Schelting, kennengelernt, offenbar aber – nach eigenem Zeugnis – nicht sehr gründlich studiert.[11] In einem späteren Brief an Alfred Schütz erinnert Parsons sich an eine längere Aussprache mit Schelting im Jahre 1937 über Schütz. Schon damals kam Parsons zu dem Ergebnis, »daß ich es für die Zwecke meiner Weber-Interpretation z. B. nicht für nötig hielt, mich in die Art von Analysen der subjektiven Perspektive und ihres Zusammenhangs mit Zeitelementen einzulassen, die das zentrale Thema Ihres Buches sind« (vgl. unten S. 116).

Zur persönlichen Begegnung zwischen Alfred Schütz und Talcott Parsons kommt es im April 1940, als Schütz vor der »Interdepartmental Conference of Harvard University« seinen Vortrag *The Problem of Rationality in the Social World* hält. Unmittelbar nach seiner Emigration in die USA im Jahre 1939 sucht Schütz den Kontakt zur amerikanischen Diskussion der Probleme, die im Mittelpunkt seiner eigenen Arbeit stehen. Es sind offenbar bereits länger bestehende persönliche Bekanntschaften, die ihn auf das *Harvard Seminar on Rationality* aufmerksam werden lassen, das im Wesentlichen von Joseph Schumpeter und Talcott Parsons initiiert und getragen wurde. Mit dem Thema der Rationalität und seinen verschiedenen Verästelungen war für Schütz die Problematik der Theorie und Methodologie der Sozialwissenschaft insgesamt angesprochen. Und nach der Lektüre der *Structure of Social Action* konnte er voraussetzen, daß in der Harvard-Diskussionsrunde die Bedeutung des Themas gleichhoch eingeschätzt wurde. So bietet sich ihm hier eine willkommene Gelegenheit, sich mit der amerikanischen Behandlung der Probleme vertraut zu machen und andererseits seinen eigenen Beitrag zu präsentieren.

Die im Herbst 1939 einsetzende Korrespondenz zwischen Schütz und Parsons hat denn auch im Wesentlichen zum Inhalt, den Termin und die Modalitäten eines Vortrags von Schütz vor diesem Seminar zu vereinbaren.[12] Schütz hatte – soweit das seine durch die Emigration bedingten, äußerst schwierigen Lebensumstände zuließen – diesen direkten Kontakt mit der amerikanischen Theoriediskussion sorgfältig vorbereitet. Ein noch in Frankreich im Januar 1939 entstandenes Manuskript *Phänomenologie und Kulturwissenschaft* wird unmittelbar nach seiner Ankunft in New York im Oktober von R. H. Williams ins Amerikanische übertragen.[13]

Darin zieht Schütz einige Konsequenzen für die sozialwissenschaftliche Theoriebildung, die sich ihm aus Husserls Idee ergeben, das »Sinnfundament« jeder Wissenschaft in der rigorosen Analyse der vor-wissenschaftlichen »Lebenswelt« bloßzulegen. Es scheint u. a. dieses Manuskript zu sein, das in Parsons die Ansicht nährt, Schütz gehe es in erster Linie um philosophische, erkenntnistheoretische, wenn nicht gar ontologische Fragen, nicht aber um solche einer soziologischen Theorie sozialen Handelns.[14]

Noch im Winter 1939/40 nimmt Alfred Schütz mehrere neue Arbeiten in Angriff. Noch in Europa war er auf die *Principles of Psychology* von William James gestoßen, und natürlich kannte er dessen Verbindung zur Phänomenologie: die Korrespondenz zwischen James und Bergson, wie die »Bewunderung« Husserls für James. In der zweifellos richtigen Annahme, daß die wichtige Quelle seines eigenen Denkens, die Philosophie Husserls, seinem amerikanischen Publikum unbekannt war, und in der Absicht, diesem seine Gedanken so deutlich wie nur möglich zu machen, schreibt Schütz jetzt eine Abhandlung über *William James's Concept of the Stream of Thought*. Bei aller bestehenden, offenkundigen Differenz zwischen James und Husserl erkennt er, daß beiden Philosophen »wesentliche Ausgangspunkte wie Grundansichten gemeinsam sind«, die darüberhinaus vor allem jene Probleme betreffen, die für Schütz' Denken von großer Bedeutung sind. Neben dem sachlichen Thema des angestellten Vergleichs geht es Schütz ausdrücklich auch um den Nachweis, »daß die Phänomenologie in diesem Lande (den USA, W. S.) nicht völlig unbekannt ist«.[15] Er sucht und findet im Werk von James einen sachlich geeigneten Anknüpfungspunkt, der überdies den Vorteil bietet, im theoretisch interessierten Milieu Amerikas bekannt zu sein.

Die zweite Arbeit, die der hier abgedruckten Diskussion zwischen Schütz und Parsons vorausliegt, ist das Manuskript für den bereits erwähnten Harvardvortrag zum Problem der Rationalität. Bereits diese Abhandlung beginnt mit der Definition rationalen Handelns, die Parsons in der *Structure of Social Action* gegeben hatte. Die wichtigste Frage, die die Auseinandersetzung zwischen beiden Autoren später schlechthin beherrschen wird, ist hier am Begriff der Rationalität sozialen Handelns und seinen verschiedenen Bedeutungsvarianten bereits im Detail entfaltet: die entscheidende Differenz der Erfahrungs*ebenen* eines naiv in der Lebenswelt Handelnden einerseits, eines systematisch-wissenschaftlichen Beobachters andererseits; die logische Unzulässigkeit, den im Schema einer Wissenschaft explizierten Begriff des Rationalen umstandslos konkreten Akteuren zu supponieren; sowie der komplizierte, von einer Handlungstheorie, die »diesen Namen verdient«, aufzuschlüsselnde Zusammenhang beider.

Es ist nichts wirklich darüber bekannt, welches Echo Schütz' Vortrag im Harvard-Seminar ausgelöst hat. Ein Vergleich des Vortragsmanuskripts mit dem hier abgedruckten kritischen Essay zur *Structure of Social Action* zeigt aber, daß Schütz offensichtlich die Notwendigkeit sah, zur Verdeutlichung seiner Position weiter auszuholen. Diese Erweiterungen betreffen vor allem seinen Rückgriff auf die im *Sinnhaften Aufbau* entwickelte Motivtheorie sowie die am Verhältnis von Typik und Realität diskutierte Problematik, die heute unter dem Stichwort »soziale Rolle« abgehandelt wird.[16] Es ist mehr als wahrscheinlich, daß er sich zu diesen Erläuterungen auch durch die Reaktion auf sein Rationalitätsmanuskript veranlaßt sah. So wurde aus einer beabsichtigten Buchbesprechung ein umfänglicher Essay.

Inzwischen hatte auch Parsons weitere seiner Arbeiten an Schütz geschickt, darunter insbesondere die Artikel *The Professions and Social Structure* und *The Motivation of Economic Activities*[17] sowie ein neueres, größeres Manuskript *Actor, Situation and Normative Patterns*.[18] Parsons' Veröffentlichungen vor 1937 sind vor allem Vorstudien und Detailausarbeitungen zur *Structure of Social*

Action, die z. T. nur wenig verändert in das Buchmanuskript übernommen werden. Dagegen enthalten die genannten neueren Arbeiten Ergänzungen und Fortentwicklungen seiner Theorie sozialen Handelns, die für deren spätere (strukturfunktionalistische)
Neufassung wichtig werden. Insbesondere die Frühfassung der
»Pattern Variables« läßt erkennen, wie unterschiedlich Schütz und
Parsons die Frage der Motivation des Handelns auffassen. Während Schütz sie als biographisch aufgebaute, subjektive Sinnsy-
steme analysiert, fragt Parsons danach, welche Motive durch ge-
sellschaftliche Institutionen jeweils als zulässig festgelegt werden.
Während der eine der Konstitution von Motiven nachgeht, steht
für den anderen deren soziale Kontrolle im Mittelpunkt.

Obwohl also der in diesem Band veröffentlichten Diskussion ein
beachtlicher Austausch von Ideen und Arbeiten beider Autoren
vorausgeht, bleibt diese selbst davon in bemerkenswerter Weise
unberührt. Schütz beschränkt seinen Essay strikt auf die *Structure
of Social Action* und auch Parsons kommt auf die erläuternden Arbeiten von Schütz nicht mehr zurück. Erst am Ende des Dialogs
stellt sich die Einsicht ein, daß sich hier zwei Theorien mit weitrei-
chendem Anspruch gegenüberstehen, deren vergleichende Diskussion eine wesentlich verbreiterte Basis voraussetzen würde.
Aber ohne sie fortzuführen gehen beide Autoren wieder getrennte
Wege.

Alfred Schütz
Parsons' Theorie sozialen Handelns

Alfred Schütz an Talcott Parsons
Brief vom 15. 11. 1940

Lieber Herr Professor,

Vielen Dank für Ihre lieben Zeilen vom 30. Oktober. Niemand bedauert mehr als ich, daß ich so viel Zeit verstreichen lassen mußte, bevor ich wieder von mir hören lasse. Zum Teil war daran meine Erkrankung schuld, von der Ihnen mein Freund Winternitz berichtet hat. Andererseits hoffte ich, Ihnen viel früher, als dies nun tatsächlich der Fall ist, meine im April versprochene Stellungnahme zu Ihren Theorien vorlegen zu können. Ich darf aber ehrlich sagen, daß ich trotz mancher schweren Hindernisse und unliebsamer Unterbrechungen die wenige Zeit, die mir meine berufliche Inanspruchnahme übrig läßt, dem gründlichen neuerlichen Studium Ihres Buches und Ihres Manuskriptes gewidmet habe. Ich bin von Natur aus in wissenschaftlichen Dingen ein langsamer Arbeiter, der lange nachzudenken pflegt, bevor er seine Gedanken zu Papier bringt. Überdies wissen Sie ja selbst am besten, wie es ergeht, wenn man in das Meditieren über so zentrale Probleme der Sozialwissenschaften gerät, wie es die sind, von denen Ihre so wichtigen Untersuchungen handeln. Ich kann aber nur sagen, daß es mir eine ganz besondere Freude war, mich in allen diesen Monaten mit Ihren Gedankengängen beschäftigen und auseinandersetzen zu können. Ich verdanke Ihren Theorien auch dort unendlich viel Gewinn und Anregung, wo ich von ihnen abweiche.

Es muß ein Mißverständnis oder ein Irrtum meines Freundes Winternitz sein, wenn er Ihnen erzählte, daß meine Arbeit über Ihre Theorie das *zweite Manuskript*[1] betreffe. Die Arbeit, die Sie anbei vorfinden und die ich Ihrer freundlichen Aufnahme empfehle, handelt zum mindesten so, wie sie sich in meiner Niederschrift präsentiert, von der Structure of Social Action. Es war ursprünglich mein Plan gewesen, meine Auseinandersetzung mit dieser Schrift in der von Hayek für die ECONOMICA gewünschten Form und nach dem mir zur Verfügung gestellten Ausmaß von 4000 Worten niederzuschreiben. Es hat sich aber gezeigt, daß ich zum mindesten in erster Fassung den Ideengehalt Ihrer Arbeit und das Wichtigste von dem, was ich dazu zu sagen habe, in so knapper

Form nicht bewältigen kann. Ihre Theorie handelt eben so sehr von den wichtigsten unmittelbar im Zentrum gelegenen Problemen aller Sozialwissenschaften, und tiefgedachte Dinge lassen sich nicht oberflächlich wiedergeben. So habe ich im Verlauf der Arbeit darauf verzichtet, mich an das von Hayek gestellte Ausmaß zu halten. Ich habe vielmehr in einer meiner Meinung nach ohnedies knappen Form und unter Verzicht auf eine ganze Fülle interessanter Detailfragen, die Ihr Buch behandelt und die ich gerne besprochen hätte, das Hauptsächlichste gesagt, was ich dazu zu sagen habe. So ist die Arbeit ein Ungeheuer von ungefähr 20000 Worten geworden, und es ist wohl hoffnungslos, sie in dieser Form in der ECONOMICA zu publizieren. Ich habe mich aber doch entschlossen, sie dreimal in der gegenwärtigen Fassung zu überarbeiten – fertiggestellt ist sie noch immer nicht, und ich gebe sie nur mit einigem Zögern aus der Hand. Ich habe mir nämlich gedacht, daß sie vor allem Ihnen und vielleicht auch einem oder dem anderen Schätzer Ihrer Arbeiten (ich denke vor allem an Williams oder Merton) in der vorliegenden Fassung willkommen sein könnte. Wenn ich von Ihnen gehört haben werde, daß Sie im Prinzip mit meiner Darstellung Ihrer Ideen einverstanden sind und Gelegenheit gehabt haben werde, die Schrift mit Ihnen zu diskutieren, will ich sehen, ob ich Teile daraus für eine ECONOMICAkritik verwenden kann. Ihre Meinung darüber wird mir sehr willkommen sein.

Was Ihr Manuskript anbelangt, so habe ich dieses dreimal gründlich gelesen und eine Reihe Anmerkungen für mich notiert. Sie werden an der beiliegenden Schrift erkennen, daß ich danach getrachtet habe, Ihre Ideen im Hinblick auf diese noch unpublizierte Schrift darzustellen. Die Fortentwicklung Ihrer Ideen in diesem Manuskript hat sehr viel zur Klärung meiner Auffassung Ihrer publizierten Werke beigetragen. Ich kann aber unmöglich meine Anmerkungen zum zweiten Manuskript niederschreiben. Das müssen wir einer mündlichen Diskussion vorbehalten, und nach einer solchen habe ich überhaupt schon große Sehnsucht.

Ich möchte Ihnen daher folgenden Vorschlag machen. Wenn es Ihre Zeit erlaubt, so bitte ich Sie, die beiliegende Schrift zu lesen und zu überdenken und sodann mir die Gelegenheit zu einer Aussprache zu geben. Sollte Sie Ihr Weg nach New York führen und Sie es sich so einrichten können, daß Sie mir einen Sonntag widmen – wochentags bin ich beruflich sehr in Anspruch genommen – um mit Ihnen den Inhalt dieser Schrift und auch Ihres Manuskriptes ausgiebig zu diskutieren, so wäre ich sehr glücklich. Sollte dies nicht der Fall sein, so wäre ich sehr gerne bereit, über ein Weekend nach Cambridge zu kommen, dies mit dem Hauptzweck, Sie zu sehen und zu sprechen, wiewohl ich bei diesem Anlaß freilich auch gerne meine anderen Freunde begrüßen möchte. Es wäre mir angenehm, wenn diese Zusammenkunft noch im November oder Anfang Dezember stattfinden könnte. Zu Weihnachten werde ich nicht in Chicago sein, weil ich von der American Philosophical Association, die in Philadelphia tagt, eingeladen wurde, ein *paper* zu lesen. Ich möchte sehr gerne Ihr Manuskript bis zu dieser Zusammenkunft bei mir behalten, da meine Anmerkungen auf Seitenzahlen Bezug nehmen und ich sie vor unserer Diskussion noch einmal durchgehen und Ihr Manuskript bei derselben zur Hand haben möchte. Ich werde aber Eric Voegelin, mit dem ich, wie Sie ja wissen dürften, seit zwanzig Jahren intim befreundet bin, davon Mitteilung machen, daß ich ihm Ihr Manuskript einzusenden habe, sobald ich es nicht mehr benötige.

Schade, daß die so schönen Diskussionen über Rationalität in Ihrem Kreis in diesem Semester nicht stattfinden.[2] Es hat mich sehr interessiert zu hören, daß Sie und Prof. Schumpeter die Herausgabe eines Sammelbandes planen. Es würde mich natürlich sehr freuen, wenn diese Idee verwirklicht werden könnte, und ich bin sehr gerne bereit, falls Ihnen dies wünschenswert erscheint, mein Manuskript zu ergänzen, beziehungsweise für eine solche Publikation abzuändern. Sollte dieses Projekt nicht zustande kommen, so möchte ich mein Manuskript über Rationalität[3] Ihrem Rate folgend gerne dem Journal for Social Philosophy unterbreiten.

Ich lege dieser Sendung einen Sonderabdruck meines Aufsatzes, Phenomenology and Social Sciences bei, welcher im Husserl-Memorial Volume erschienen ist, den Prof. Marvin Farber unter dem Titel: Philosophical Essays, in Memory of Edmund Husserl in der Harvard University Press[4] herausgegeben hat. Ich habe Ihnen zwar das maschinengeschriebene Manuskript dieses Aufsatzes bereits gleichzeitig mit dem Rationality-Aufsatz übersendet, ohne leider von Ihnen eine Äußerung darüber erhalten zu haben. Nichtsdestoweniger weiß ich auch das gedruckte Exemplar gerne in Ihren Händen. Sollten Sie an meinem *paper,* das die American Philosophical Association für ihr Dezembermeeting angenommen hat, Interesse haben – sein Titel ist William James Concept of the Stream

of Thought, phenomenologically interpreted[5] – so will ich Ihnen
gerne eine Kopie einsenden.

Mit herzlichen Grüßen Ihr
ergebener
Alfred Schütz

Alfred Schütz
Parsons' Theorie Sozialen Handelns

Talcott Parsons gab seinem bedeutenden Buch »The Structure of Social Action« den Untertitel »A Study in Social Theory with special reference to a group of recent European writers«.[6] Tatsächlich enthält dieses Buch jedoch weit mehr, als der bescheidene Untertitel andeutet. Die Darstellung und kritische Verarbeitung der soziologischen Theorien von Marshall, Pareto, Durkheim und Max Weber gehören nach meiner Meinung zu den wertvollsten Interpretationen der großen europäischen Lehrmeister der Soziologie, die bisher überhaupt erschienen sind, und in der englischsprachigen Literatur bedeuten sie ohne Zweifel das beste, was vorliegt. Vieles in Parsons sorgfältigen und subtilen Analysen verdient sicherlich eine gründliche und eingehende Auseinandersetzung. Dennoch will ich mich im folgenden nicht mit diesem Teil des Werkes beschäftigen; vielmehr geht es mir darum, seine eigene Theorie sozialen Handelns darzustellen und zu diskutieren, eine Theorie, die nicht nur die Ideen der genannten Soziologen zusammenfaßt, sondern in der Tat die Methodologie der Sozialwissenschaften ein gutes Stück voranbringt.

A. Die wichtigsten Elemente der Theorie

Es steht fest, daß Parsons nicht vorhatte, lediglich eine Sekundäruntersuchung zu schreiben. Seine Absicht war zu zeigen, daß die genannten vier Autoren trotz unterschiedlicher Nationalität, unterschiedlichen sozialen Herkommens, unterschiedlicher Vorbildung und unterschiedlicher Einstellung zu ihrer Wissenschaft hinsichtlich der Methodologie und Erkenntnistheorie der Sozialwissenschaft in allen wesentlichen Punkten bemerkenswert übereinstimmen. Dazu gehören

1. ihre allgemeine Auffassung von der Beziehung zwischen der Theorie der Sozialwissenschaften und den empirischen Tatsachen des sozialen Lebens;

2. ihre Auffassung, daß die Theorie der Sozialwissenschaften grundsätzlich als »Theorie sozialen Handelns« konzipiert werden müsse;

3. die Prinzipien einer solchen Theorie sozialen Handelns, die Parsons eine »voluntaristische Theorie des Handelns« nennt.

1. Empirische Tatsachen in den Sozialwissenschaften und im Alltag (Hrsg.)

Nach Parsons lassen sich die Ansichten der Autoren über die Beziehung zwischen empirischen sozialen Tatsachen und Sozialtheorien wie folgt zusammenfassen: In der Wissenschaft gibt es keine rein empirischen Phänomene, die ohne Bezug zu einer analytischen Theorie wären und von dieser nicht modifiziert wären. Tatsachen sprechen nicht für sich selbst; sie müssen geprüft, analysiert, systematisiert, miteinander verglichen und interpretiert werden.[7] Tatsachen, mit denen sich die Wissenschaft beschäftigt, an denen sie interessiert ist, müssen wichtig oder relevant für das theoretische Problem der Untersuchung sein; darüber hinaus sind sie Basis von Verifikationsversuchen und müssen deshalb der logischen Struktur eines theoretischen Systems sich fügen, das selbst logisch konsistent sein muß. Alles empirisch verifizierbare Wissen setzt daher implizit, wenn nicht gar explizit eine systematische Theorie voraus. Das Ziel wissenschaftlicher Arbeit ist nicht nur korrekte Beobachtung, sondern ebenso die korrekte Interpretation der Tatsachen; und diese ist ohne Bezugnahme auf ein theoretisches Schema nicht möglich. Parsons übernimmt eine nicht sehr glückliche Formulierung von Henderson und definiert eine Tatsache als »eine empirisch verifizierbare *Aussage* über Phänomene in Termen eines Begriffsschemas«.[8] Selbst wenn man diese Definition für den Rahmen von Parsons' Untersuchung akzeptieren möchte, scheint sie mir nicht nur ungewöhnlich, sondern geradezu gefährlich zu sein. Sicherlich: Parsons selbst unterscheidet zwischen reinen Phänomenen und Aussagen *über* Phänomene; lediglich letztere nennt er »Tatsachen«. Aber es liegt auf der Hand, daß diese von Parsons vertretene Definition der Konfusion dreier in der Erkenntnistheorie der Wissenschaft wichtiger Konzepte Raum gibt:
1. Tatsachen und Phänomene, wie sie dem menschlichen Bewußtsein gegeben sind;
2. Interpretation dieser Tatsachen und Phänomene im Bezugsrahmen eines Begriffsschemas;
3. Aussagen über die Tatsachen und ihre Interpretation.
So betreffen z. B. auch die Aussagen der Physik Phänomene der

natürlichen Welt nur unter Bezugnahme auf ein Begriffsschema, aber kein Physiker käme auf den Gedanken, diese Aussagen über Phänomene für die Tatsachen selbst zu halten, die er beobachtet und die die Objekte seiner Experimente sind. Nun ist die Struktur einer sozialen Tatsache weit komplizierter als die einer Tatsache in der physikalischen Welt. Während es in den Naturwissenschaften möglich ist, Tatsachen vollständig zu beschreiben und sinnvoll zu klassifizieren, ohne etwas über ihre »Genealogie« zu wissen, sind wir in den Sozialwissenschaften darauf angewiesen, Tatsachen zu *verstehen*, und das heißt: wir müssen sie als das Ergebnis menschlichen Handelns und im Begriffsrahmen von Motiven und Zwecken auffassen, die einen Akteur zu seinem Handeln geführt haben. Und nicht erst die wissenschaftliche Theorie muß solche Interpretationstechnik anwenden, sondern bereits der Handelnde im Alltag selbst. Geht man aber von Parsons' Definition einer Tatsache aus, wird es recht schwierig, zwischen schlichter Alltagsinterpretation sozialer Tatsachen und wissenschaftlichen Aussagen über sie einen klaren Unterschied zu machen. Ich fürchte daher, daß es sich hier nicht um bloße terminologische Unterschiede handelt, sondern daß hier die prinzipielle Struktur sozialer Tatsachen zur Debatte steht. Und das hat bestimmte Konsequenzen, auf die ich später eingehen werde.

Diese kritische Bemerkung ändert natürlich nichts an meiner vollen Übereinstimmung mit Parsons' Auffassung, daß alle wissenschaftlichen Konzepte sozialer Tatsachen schon immer eine bewußte oder unbewußte Theorie der Struktur der Sozialwelt voraussetzen und daß diese Theorie die Auswahl der Probleme wie die Interessenrichtung, die in der Selektion der Tatsachen zum Ausdruck kommt, bestimmt. Weiterhin stimme ich Parsons darin zu, daß dieser Gesichtspunkt im wesentlichen die gemeinsame Basis der Methodologie der genannten vier Soziologen darstellt, ungeachtet ihrer terminologischen Unterschiede, ihrer unterschiedlichen empirischen Interessenrichtungen und auch ihrer theoretischen Ansätze.[9]

2. Sozialwissenschaftliche Theorie
als Theorie sozialen Handelns (Hrsg.)

Jede wissenschaftliche Beobachtung von Tatsachen geschieht in einem bestimmten Begriffsschema, das als allgemeiner Bezugsrahmen fungiert. Nach der Auffassung der großen europäischen Soziologen ist dieser allgemeine Bezugsrahmen für die Sozialwissenschaften die Handlungstheorie.[10] Das bedeutet, daß ein Phänomen, das zum Bereich der Sozialwissenschaften gehört, als ein System menschlichen Handelns beschrieben werden kann, das selbst letztlich immer zerlegt werden kann in Akt-Einheiten (unit-acts), und zwar auf jeder Ebene der Analyse.[11] Nun muß betont werden, daß die Beschreibung gerade der konkreten Komponenten von Handlungssystemen und Akt-Einheiten nicht alle möglichen Tatsachen umfaßt, die man über die in Frage stehenden Phänomene aussagen kann, sondern nur diejenigen, die innerhalb des Bezugsrahmens »Handeln« relevant sind. Denn die Sozialwissenschaften, die konkret das Schema der Handlungstheorie anwenden, beziehen auch (als konstant gesetzte) Daten ein, die zwar generell beschrieben werden können, aber im Bezugsrahmen der Handlungstheorie nicht analytisch erklärt werden können.[12] Nach Parsons sind »physikalische« Phänomene, aber auch »Ideen« solche Daten.

Beschäftigt sich z. B. ein Sozialwissenschaftler mit dem Phänomen eines Selbstmordes durch Sprung von einer Brücke, so wird er es als eine »Handlung« beschreiben, ein Naturwissenschaftler aber als ein »Ereignis«; der eine interessiert sich für das Motiv des Handelnden und unterstellt als eine gegebene Tatsache, daß der Mann, wenn er springt, herunterfallen wird. Der andere ist an dem Ereignis des Falles interessiert und unterstellt als gegeben, daß der Mann springt, ohne zu fragen: warum.[13] Man kann deshalb sagen, daß der Bezugsrahmen des Handelns nicht der einzige ist, in dem die Phänomene menschlichen Handelns adäquat beschrieben werden können, daß er aber für bestimmte Zwecke, nämlich die Zwecke der Sozialwissenschaften, angemessener ist als das Raum-Zeit-Schema der Naturwissenschaften oder irgendein anderes Schema.[14] Dieses System einer allgemeinen soziologischen Theorie des Handelns, wie sie den genannten Autoren gemeinsam ist, hält Parsons für ein umfassendes System einer neuen Theorieentwicklung,[15] das sich von der älteren utilitaristischen Sozialtheorie ebenso radikal unterscheidet wie von der naiven positivistischen Theorie des Handelns. Parsons nennt diese neue Theorie die voluntaristische Theorie des Handelns.

Welches sind die wichtigsten Charakteristika dieser Theorie und welches sind ihre Elemente? Wir haben schon darauf hingewiesen, daß alle wissenschaftlich konzeptualisierten konkreten Sozialphänomene oder konkreten Handlungssysteme immer in ihre Einheiten oder Teile zerlegt werden können – Parsons nennt sie Akt-Einheiten. Zur Beschreibung einer solchen Akt-Einheit bedarf es logisch mindestens der folgenden deskriptiven Begriffe:[16]

a) zu einem Akt gehört ein »Handelnder«;

b) jeder Akt muß ein »Ziel« haben, einen antizipierten Zustand in der Zukunft, an dem der Handlungsprozeß orientiert ist;

c) jeder Akt findet in einer »Situation« statt, die wiederum in zwei Elemente zerlegbar ist: die »Bedingungen« des Handelns, die der Handelnde nicht selbst kontrollieren kann, und die Mittel, die unter seiner Kontrolle sind;

d) diese Elemente stehen in einer bestimmten Art der Beziehung zueinander, die »normative Orientierung« des Handelns genannt wird. Parsons schreibt: »Man kann die innerhalb der Kontrollmöglichkeiten des Handelnden angewendeten Mittel weder so auffassen, als wären sie rein zufällig gewählt, noch als wären sie ausschließlich von den Bedingungen der Handlung abhängig; wir müssen sie vielmehr als von einem unabhängigen, ganz bestimmten Selektionsfaktor gesteuert denken, über den wir Bescheid wissen müssen, um einen konkreten Handlungsverlauf zu verstehen«.[17]

Um Mißverständnisse zu vermeiden, muß man sich vergegenwärtigen, daß Parsons den Begriff »normativ«, um ethische oder juristische Konnotationen zu vermeiden, wie folgt definiert: »Eine Norm ist eine *verbale Beschreibung* eines konkreten Handlungsverlaufs, der als wünschenswert betrachtet wird, verbunden mit der Vorschrift, daß künftiges Handeln ihr entsprechen soll«.[18] Die kritischen Bemerkungen, die ich oben gegenüber Parsons' Definition einer Tatsache als einer *Aussage über* Phänomene im Rahmen eines Begriffsschemas gemacht habe, treffen erst recht auf seine Definition einer Norm als einer *verbalen Beschreibung* eines Handlungsverlaufs zu. Parsons Neigung, Aussagen über Phänomene für diese selbst zu nehmen, stammt sicher von Paretos Theorie über die Rolle sprachlicher Ausdrücke. Obwohl unter methodologischen Gesichtspunkten Paretos Auffassung zu schärfster Kritik herausfordert, will ich mich hier mit diesem Hinweis begnügen, da das Argument in Parsons' Buch nicht zu ernsteren Folgen führt.

Ein Handelnder, ein Handlungsziel, eine Situation – wiederum zerlegbar in Mittel und Bedingungen –, mindestens ein selektiver Standard, der das Handlungsziel mit der Situation verknüpft – das ist das Grundschema der Begriffe einer Akt-Einheit.[19] Dieses Schema hat mehrere Implikationen. Von den wichtigsten, die Parsons anführt, greifen wir nur die folgenden heraus:

a) Ein Akt ist immer ein Prozeß in der Zeit; die Zeitkategorie ist daher grundlegend für das Schema. Der Begriff »Ziel« impliziert schon »Erreichen«, »Realisierung«, »Vollendung«, kurzum: den Bezug auf einen Zustand, der noch nicht da ist, der aber durch den Handelnden hervorgebracht werden soll. »Das Handlungsziel muß dem Handelnden gleichzeitig mit der Situation im Bewußtsein sein; aber es geht der ›Anwendung der Mittel‹ voraus. Und diese wiederum liegen zeitlich vor dem Handlungsergebnis«.[20] Die physikalische Zeit ist eine Art und Weise der Beziehung zwischen Ereignissen im Raum, die Handlungszeit ist eine Art und Weise der Beziehung zwischen Mitteln, Zielen und anderen Handlungselementen.[21]

b) Dem Handelnden steht sowohl hinsichtlich der Handlungsziele wie auch der Mittel ein Wahlspielraum offen; das impliziert die Möglichkeit von Fehlverläufen: Nicht-Erreichen des Handlungsziels oder Wahl falscher Mittel;[22]

c) Der Bezugsrahmen des Schemas ist *subjektiv*, d. h. es berücksichtigt die Phänomene so, wie sie dem Handelnden von seinem Blickpunkt aus erscheinen. (Die »objektive Perspektive« ist dagegen die des »wissenschaftlichen Beobachters von Handlungen«). Die Bezugseinheit, die wir als Handelnde betrachten, ist nicht sein physischer Organismus, sondern sein »Ego« oder sein »Selbst«. Der Körper des Handelnden ist daher ebenso wie die äußere Umwelt Teil der Handlungssituation. Die so eingeführte subjektive Perspektive des Handelnden ist mehr als ein methodologischer Kunstgriff.[23] Bestimmte fundamentale Elemente menschlichen Handelns in der Gesellschaft sind ohne Rückgriff auf subjektive Kategorien einer systematischen theoretischen Formulierung gar nicht zugänglich. »Das wird am deutlichsten durch die Tatsache, daß man von der Existenz normativer Elemente ohne Bezugnahme auf das Bewußtsein eines Handelnden nicht sprechen kann«.[24] »Ohne die subjektive Perspektive des Handelnden wird eine

Theorie des Handelns sinnlos«.[25] Der Bezugsrahmen, der Handlungstheorie genannt wird, ist anwendbar nur insofern, als er durch die subjektive Perspektive des Handelnden konstituiert wird.

Diese Charakteristika haben alle Handlungsschemata gemeinsam. Zahlreiche Untersysteme sind möglich und in der Entwicklung der Sozialwissenschaften seit dem 19. Jh. auch historisch aufgetreten. Parsons beginnt ihre Untersuchung mit dem utilitaristischen System. Dessen wesentliche Elemente sind:

1. Eine bestimmte Form des »Atomismus«, d. h. die deutliche Tendenz, im wesentlichen von den Eigenheiten begrifflich isolierter Akt-Einheiten auszugehen und die Eigenschaften von Handlungssystemen allein durch direkte Generalisierung aus diesen abzuleiten;[26]

2. Die Zweck-Mittel-Beziehung, vor allem in der speziellen Form, die Parsons »rationale Norm des Nutzens« nennt, als normatives Element in der Akt-Einheit. Den außerordentlich wichtigen Begriff »Rationalität« definiert Parsons wie folgt: »Ein Handeln ist rational dann, wenn es in der Handlungssituation mögliche Ziele verfolgt mit Mitteln, die unter den dem Handelnden zur Verfügung stehenden ihrem Wesen nach am besten für die Erreichung der Ziele geeignet sind; diese Eignung bemißt sich danach, ob sie im Rahmen einer *positiven empirischen Wissenschaft einsichtig und beweisbar ist*«.[27]

3. Empirismus: Es wird unterstellt, daß der Handelnde durch wissenschaftliches oder zumindest wissenschaftlich vernünftiges Wissen über die Umstände seiner Situation geleitet ist.

4. Zufälligkeit der Handlungsziele: Die utilitaristische Theorie beschränkt sich selbst auf die Zweck-Mittel-Beziehung; sie sagt daher nichts über die Beziehung von Zielen untereinander, jedenfalls nichts über letzte Ziele.

Wenn die aktive Rolle des Handelnden im utilitaristischen und, allgemein, in jedem positivistischen System darauf beschränkt ist, daß er seine Situation versteht und ihren nächsten Zustand voraussieht, und wenn in einem solchen System die Ziele (bezogen auf die Zweck-Mittel-Beziehung) und das Wissen des Handelnden als gegeben unterstellt werden, gerät das positivistische Denken in das »utilitaristische Dilemma«:

»Entweder ist die aktive Wahl von Zielen durch den Handelnden ein unabhängiger Faktor im Handeln; dann müssen die Ziele zufällig sein. Oder die Zufälligkeit der Ziele wird als unzulässig abgelehnt; dann aber verlieren sie ihre Unabhängigkeit und müssen zu den Bedingungen der Handlungssituation geschlagen werden, d. h. zu den Elementen, die nur mit nicht-subjektiven Kategorien analysierbar sind, vor allem also Vererbung und Umwelt im analytischen Sinne einer biologischen Theorie«.[28]

Wie vermeidet die »voluntaristische Theorie des Handelns« dieses Dilemma? Durch den Beweis der Unvereinbarkeit des Handlungsschemas mit dem Positivismus. »Sie läßt Raum für eine Erkenntnistheorie genuin realistischer Art, enthält aber auch nicht-empirische Elemente, die daher auch gleichzeitig nicht-soziologisch sind«.[29]

Marshall überwand die positivistische Theorie des Handelns und die utilitaristische Vorstellung von der Gesellschaft dadurch, daß er »die Handlungsziele nicht länger als gegebene Daten der Nationalökonomie ansieht« und das Konzept »freie Unternehmung« einführt; das aber schließt als ein Grundelement gemeinsame Werte ein, unter ihnen »Freiheit« als ein Handlungsziel an sich und als Bedingung für den Ausdruck ethischer Qualitäten.[30] Nationalökonomie als die »Untersuchung des wirtschaftlichen Alltagsmenschen« (Marshall) bringt »die Bedeutung gemeinsamer Werte in direkte Verbindung mit wirtschaftlichem Handeln selbst.«

Pareto überwand die Schwierigkeiten der positivistischen Theorie dadurch, daß er von den Konzepten »nicht-logisches Handeln«, »Residuen« und »Derivationen« ausging. Das führt nach der Interpretation von Parsons zu der Auffassung von Ketten intrinsischer Zweck-Mittel-Beziehungen, die in drei Komponenten zerlegt werden können: letzte Ziele, letzte Mittel und Bedingungen sowie einen »Zwischensektor«, der Mittel und Ziele enthält, je nachdem man sie von »oben« oder von »unten« betrachtet.[31] Dies führt andererseits zu einem neuen Konzept der Wahl, da die Handlung nicht nur an einem unmittelbaren Ziel orientiert ist, sondern zugleich an einer Vielzahl verschiedener alternativer Ziele innerhalb eines integrierten Systems individueller letzter Werte, ebenso wie am Nutzen für die Gemeinschaft. Sodann führt er den normativen oder Wert-Aspekt nicht nur in die konkreten Handlungssysteme ein, sondern in die letzten Wert-Attitüden. Weiterhin überwindet er den individualistischen »Atomismus«, indem er den Begriff »gemeinsame Ziele« und gar »Ziel, das die Gesellschaft anstrebt«, einführt.

Obwohl *Durkheim* mit einer rein positivistischen Einstellung begann, gelangte er zu einem »Soziologismus«,[32] der seine positivistischen Elemente ausgestoßen hatte, dadurch, daß er die Begriffe »Nicht-vertragliches Element im Vertrag«, »Anomie«, Zwang als Sanktion, einführte und das soziale Element im wesentlichen auffaßte als ein System gemeinsamer Regeln und Verpflichtungen. Darin näherte er sich weitgehend der Auffassung Paretos. Indem er in der symbolischen Form des Rituals einen Ausdruck letzter Wert-Attitüden sah und Handlungselemente einführte, die lediglich im Bewußtsein von Individuen existieren, fügte er eine gänzlich neue normative Kategorie der Struktur des Handelns zu.[33]

Während die bisher erwähnten drei Soziologen das positivistische Schema einer Handlungstheorie zugunsten der voluntaristischen Theorie überwanden, ist es *Max Webers* Verdienst, die Beschränkungen der idealistischen Tradition, die für ihn den intellektuellen Hintergrund abgab, durchbrochen zu haben. Sein Werk ist zum größten Teil der Frage gewidmet, welche soziale Bedeutung religiösen Ideen und letzten Werten zuzumessen ist; diese Elemente stehen aber nicht allein, sondern in komplexen Beziehungen zu anderen unabhängigen Faktoren wie Ideen, Attitüden, Normen verschiedener Art.[34] In seinen methodologischen Arbeiten hat Weber gezeigt, daß in allen empirischen Bereichen die Konzeption objektiven empirischen Wissens untrennbar verbunden ist mit normativen Aspekten des Handelns und den Widerständen, die einer Realisierung von Normen entgegenstehen, mit der Wertbeziehung, die allein die Relevanz von Daten festlegt. Darüber hinaus sind seine Typen »zweckrational« und »wertrational« die theoretischen Äquivalente dieser seiner allgemeinen Auffassung.[35]

Kurzum: die voluntaristische Theorie scheint durch die Einfügung eines Systems letzter Werte in das positivistische Schema gekennzeichnet zu sein. Dieses System ist in sich integriert und nicht zurückführbar auf die zufälligen Handlungsziele des Utilitarismus. Die normativen und die Bedingungs-Elemente des Handelns sind durch »menschliche Leistung« miteinander verknüpft. Das ist deshalb notwendig, weil Normen sich nicht automatisch selbst realisieren, sondern nur durch »Handeln« Wirklichkeit werden. Eines der Grundtheoreme der voluntaristischen Theorie ist, daß weder positiv noch negativ im methodologischen Schema des wissenschaftlich begründeten Wissens sich die bedeutsamen subjektiven Elemente des Handelns erschöpfend beschreiben lassen. Entsprechen subjektive Elemente nicht dem wissenschaftlich begründeten Wissen, so ist es ungenügend, sie schlicht als Ignoranz oder Irrtum zu begreifen; ebenso wenig kann es befriedigen, sie lediglich als von solchen Elementen abhängig zu begreifen, die nur in nicht-subjektiven Kategorien beschrieben werden können, noch sind Elemente, die diesen gegenüber zufällig sind, ausreichend. Positiv gehören zu einem voluntaristischen System normative Elemente«.[36] Sie werden in diesem System aufgefaßt als integrale Bestandteile des Systems selbst, »in spezifischer Weise positiv mit anderen Elementen des Systems verwoben«. Andererseits »leugnet das voluntaristische System nicht im mindesten die bedeutende Rolle von äußeren Bedingungen und anderen nicht-normativen Elementen,[37] betrachtet sie aber als mit den normativen verknüpft. Es ist das einzige System, das für die allgemeinste Formulierung eines Handlungssystems keinerlei derartige Einschränkungen machen muß.

Wie sind nun die Akt-Einheiten technisch zu einem Handlungssystem verbunden? Es ist nicht schwierig sich vorzustellen, daß Akt-Einheiten zu immer komplexeren Handlungssystemen verknüpft werden können. Werden bestimmte Grade von Komplexität erreicht, könnte man bestimmte beschreibbare Aspekte solcher Systeme durch entsprechende Begriffsbildung hervorheben. Parsons unterscheidet zwei hauptsächliche Richtungen solcher deskriptiver Aspekte, den »Beziehungsaspekt« und den »Aggregataspekt«. Der erste, der vor allem von Max Weber benutzt wurde, bedeutet, Akte und Handlungssysteme verschiedener Individuen unter dem Schema sozialer Beziehungen zu interpretieren; das zweite besteht darin, den Handelnden als eine Art theoretisch relevante Person mit bestimmten Charaktereigenschaften zu interpretieren, mit bestimmten Einzelstellungen sowie, einen Schritt weitergehend, eine Mehrzahl von Handelnden als Gruppe zu beschreiben.[38]

Ein solches System, das sich aus isolierten Akt-Einheiten zusammensetzt, würde aber lediglich die Möglichkeit zulassen, das Maschennetz des integrierten Handlungssystems in seine konkret trennbaren Fäden zu zerlegen. Das bedeutet, daß die Zweck-Mittel-Beziehungen lediglich als solche identifizierbar werden, die einen konkreten Akt mit einem letzten Ziel durch eine einzige Sequenz von Akten, die zu diesem Ziel führt, verbindet. Demgegenüber muß aber dieselbe konkrete Akt-Einheit aufgefaßt werden als ein Mittel zu verschiedenen letzten Zielen oder, um im Bild zu bleiben, als ein »Knoten«, in dem eine große Zahl von Fäden für einen Augenblick zusammenlaufen, um sich sogleich wieder zu trennen. Im Fortgang der Ereignisse führt jeder Faden zu verschiedenen anderen Knoten, und nur wenige der anderen Fäden, mit denen er vormals verbunden war, werden ihn dorthin begleiten.[39]

Aber das Aufknüpfen des Netzes ist ein Prozeß der *analytischen* Unterscheidungen; und das führt uns zu einem Punkt, der für Parsons' Theorie außerordentlich wichtig ist. Er sagt, daß es zwei verschiedene Ebenen des Begriffsschemas des Handelns gibt: die konkrete Ebene und die analytische. Parsons definiert: »Eine *Einheit eines konkreten Systems* ist jenes ›Ding‹, auf das eine Vielzahl von Tatsachenaussagen innerhalb eines bestimmten Rahmens Bezug nimmt, so daß diese, zusammengenommen, eine für die Zwecke der Theorie angemessene Beschreibung des ›Dinges‹ darstellen, das innerhalb des Bezugsrahmens unabhängig existiert«. Demgegenüber ist ein »analytisches Element jede ›Eigenschaft‹ (universal), die verschiedene ›Meß‹-Werte annehmen kann, so daß ein bestimmter Wert als die Tatsache aufgefaßt werden kann, die eine Klasse konkreter Phänomene ausgrenzt«.[40]

Nach diesen Definitionen bedeutet »Akteinheit« auf der konkreten Ebene der aktuelle, konkrete Akt. Daher meint auch das konkrete Ziel einer Akteinheit den gesamten antizipierten Zustand, soweit er im Bezugsrahmen des Handelns relevant ist. Auf der analytischen Ebene dagegen müssen die funktionalen Beziehungen zwischen den bereits beschriebenen Tatsachen herausgearbeitet werden. So muß z. B. auf dieser Ebene die Rolle der normativ-teleologischen Elemente des Handelns von der nicht-normativer Elemente unterschieden werden: »Auf der analytischen Ebene muß daher das Handlungsziel definiert werden als die *Differenz* zwischen dem vom Handelnden antizipierten Zustand und jenem anderen, der als aus der ursprünglichen Situation folgend hätte vorausgesagt werden können, *hätte der Handelnde nicht in den Ablauf der Dinge eingegriffen*«.[41]

Etwas später schreibt Parsons: »Die elementaren (ultimate) Bedingungen sind nicht jene konkreten Eigenschaften der Situation eines gegebenen konkreten Akteurs, die außerhalb seiner Kontrolle liegen, sondern es sind jene abstrahierten Elemente der Situation, die ganz allgemein überhaupt nicht dem Handeln zugeschlagen werden können. Die Mittel des Handelns... sind nicht etwa konkrete Werkzeuge... sondern vielmehr Aspekte oder Eigenschaften von Dingen, die Akteure kraft ihres Wissens und ihrer Kontrolle über sie nach Wunsch variieren können«.[42]

Es muß betont werden, daß der bis jetzt entwickelte Bezugsrahmen beiden Ebenen, der konkreten wie auch der analytischen, gemeinsam ist. Nach unserer bisherigen Analyse sind zwar alle Handlungssysteme aus Akteinheiten zusammengesetzt; aber das bedeutet nicht, daß sämtliche Eigenschaften dieser Handlungssysteme in jeder einzelnen Akteinheit abzulesen wären, wenn man sie losgelöst von den anderen Einheiten des Systems betrachtet. Sie entstehen vielmehr erst auf einer bestimmten Ebene. So ist es z. B. unmöglich zu sagen, ob ein bestimmter rationaler Akt ökonomischer Rationalität folgt oder nicht, ohne daß das gesamte System ökonomischen Handelns vorausgesetzt würde. Die Einheiten erhalten ihre Relevanz immer nur innerhalb des gewählten Bezugsrahmens und nur soweit reicht die Analyse der Einheiten.[43]

Auf der anderen Seite sind Elementanalyse und Akteinheitenanalyse nicht etwa bloß verschiedene Stufen der wissenschaftlichen Abstraktion; beide stellen verschiedene Arten der Abstraktion auf verschiedenen Ebenen dar. »Die Einheitenanalyse entwirrt die Kette, die Elementanalyse den Schuß im Gewebe der empirischen Realität«. In der Perspektive der Elementanalyse »konstituiert jede Einheit oder jedes Teil, sei es konkret oder begrifflich isoliert, eine spezifische *Kombination* ganz bestimmter Werte, die analytische Elemente annehmen. Jeder ›Typus‹ ist ein konstantes Muster von Relationen dieser Werte«.[44] So besteht das Ordnungselement konkreter Phänomene darin, daß ihre Werte in einem bestimmten konstanten Beziehungsmuster untereinander stehen. Die Ordnung besteht in diesen Relationsmodi und zugleich darin, daß die Elemente des theoretischen Bezugsrahmens innerhalb ihres Variationsbereichs konstant definiert sind.

Die Werte analytischer Elemente sind konkrete Daten, Beobachtungstatsachen oder irgendeine Kombination von Tatsachen. Nimmt man das Handlungsschema als Bezugsrahmen für analytische Elemente, so ist sein Sinn also ein anderer, als wenn man es als Beschreibungsschema auffaßt. Diesen Elementen kommt nämlich kausale Bedeutung in dem Sinne zu, daß eine Veränderung des Wertes eines Elementes die Werte anderer beeinflußt. Vor allem rückt nun das Zweck-Mittel-Schema ins Zentrum der kausalen Erklärung des Handelns. Des weiteren ist dieses Schema in besonderer Weise durch seinen subjektiven Bezug ausgezeichnet. Es involviert einen realen Prozeß sowohl innerhalb des Bewußtseins eines Handelnden als auch außerhalb. »Zwar ist es immer möglich, die Fakten in Termen des Bezugsrahmens des Handelns auszudrükken; wenn man aber von der Beschreibung und der Einheitenanalyse zur Elementanalyse fortschreitet, zeigt es sich, daß die Handlungskategorien analytisch nicht entscheidend sind.«[45]

Diese Unterscheidung erweist sich als äußerst wichtig, um die historischen von den analytischen Wissenschaften zu trennen. Die ersteren sind auf ein möglichst vollständiges Verstehen einer Klasse konkreter historischer Individuen gerichtet, während die letzteren auf die Ausarbeitung logisch kohärenter Systeme einer allgemeinen analytischen Theorie zielen. Auf Begriffe von Einheiten oder Teilen können unabhängige Wissenschaften kaum gegründet werden: sie gehören zu den historischen Wissenschaften. Auf der analytischen Ebene kann man drei große Klassen theoretischer Systeme unterscheiden: die Systeme der Natur, des Handelns und der Kultur.[46]

Mit Bezug auf die Kultursysteme bemerkt Parsons lediglich, daß sie in jedem Fall sowohl als Produkte von Handlungsprozessen aufgefaßt werden können, wie auch als bestimmende Elemente des folgenden Handelns; sodann wendet er sich ausschließlich den analytischen Handlungswissenschaften zu.[47] Er unterscheidet fünf analytische Disziplinen, die je auf einen besonderen Teilbereich des Handlungsschemas als Bezugsrahmen gerichtet sind: die *Ökonomie* auf das Angebot-Nachfrage-Schema; die *Politikwissenschaft* auf das Schema sozialer Beziehungen, sofern diese das Phänomen der Macht oder der Organisationen betreffen; die *Psychologie* auf das Persönlichkeitsschema; die *Technologie* auf elementare Zweck-Mittel-Schemata; und schließlich die *Soziologie* – als eine spezielle analytische Wissenschaft auf der gleichen Ebene wie die ökonomische Theorie. Sie ist »die Wissenschaft, die eine analytische Theorie sozialer Handlungssysteme ausarbeitet (dabei impliziert der Term sozial eine Mehrzahl von Akteuren, die sich am Handeln der jeweils anderen orientieren), soweit sich diese Systeme als über gemeinsame Werte integriert verstehen lassen.«[48]

Ausgehend von der Analyse des Grundschemas der Akteinheit entwickelt Parsons auf diese Weise den Bezugsrahmen der soziologischen Theorie und kommt dabei zu einem geschlossenen System aller Wissenschaften, die sich mit menschlichem Handeln im allgemeinen und mit sozialen Phänomenen im besonderen beschäftigen.

B. Kritische Analyse der Parsonsschen Theorie

Bisher habe ich versucht, einige der wichtigsten Gesichtspunkte von Parsons' Theorie zusammenzufassen. Bevor ich mich einigen seiner Thesen nun in kritischer Perspektive zuwende, liegt mir sehr daran, die außerordentlichen Verdienste dieses Werkes hervorzuheben. Vor allem gilt dies für Parsons' Versuch, eine grundsätzliche Methodologie der Sozialwissenschaften aufzubauen, die bei der Frage ihren Ausgang nimmt: was haben die großen Klassiker der Soziologie bei ihrer konkreten Forschungsarbeit eigentlich wirklich getan? Darüber hinaus unternimmt er es, ihre verschiedenen methodologischen Beiträge in einem großen theoretischen System der Handlungstheorie zusammenzufassen. Dabei zeigt er die konstruktiven Elemente dieser Theorie auf, wie auch ihre Implikationen, die sich aus der Geschichte der Sozialwissenschaften, aber auch aus ihrer Struktur ergeben.

Ich stimme dem fundamentalen Gesichtspunkt vorbehaltlos zu, daß nämlich die Aufgabe der Sozialwissenschaften nicht lediglich in der bloßen Beschreibung empirischer Fakten bestehen kann, daß vielmehr jede zutreffende Beschreibung die theoretische Einsicht in das Wesen der menschlichen Aktivität, auf die alle sozialen Phänomene zurückgehen, immer schon notwendig voraussetzt. Um so bedauerlicher ist Parsons' expliziter Verzicht auf eine Untersuchung der logischen und philosophischen Grundlagen, auf die eine befriedigende Methodologie der Sozialwissenschaften gegründet sein muß. Ich meine, daß eine Analyse dieser fundamentalen Probleme des Wissens der Klarheit und Kohärenz von Parsons' wichtiger und interessanter Theorie sehr zugute gekommen wäre.

All dies sollte der Leser der folgenden Überlegungen im Auge behalten wie die Tatsache, daß ich sowohl mit Parsons' Grundidee als auch mit dem Großteil seiner Resultate völlig übereinstimme. Jede polemische Absicht liegt mir fern; mir geht es ausschließlich darum, die Diskussion einiger der wichtigsten Probleme der Sozialwissenschaften zu erweitern und zu vertiefen.

Nach meiner Ansicht ergeben sich sieben Fragen, die der weiteren

Klärung bedürfen:

1. Parsons' Auffassung analytischer und konkreter Ebenen.
2. Die voluntaristische Theorie des Handelns und das Problem des wissenschaftlichen Wissens auf seiten des Handelnden.
3. Das Problem der Motive.
4. Die Akteinheit und ihre Grenzen.
5. Die subjektive Perspektive.
6. Typen und Realität.
7. Soziales Leben und sozialwissenschaftliche Theorie.

1. Konkrete und analytische Ebenen in der Struktur des sozialen Handelns (Hrsg.)

Die Unterscheidung zwischen zwei verschiedenen Ebenen im Begriffsschema des Handelns, die konkrete und die analytische, ist für Parsons' Theorie fundamental. Auf der konkreten Ebene können alle Handlungssysteme in Akteinheiten mit konkreten Handelnden, konkreten Mitteln und konkreten Zwecken zerlegt werden. Dagegen führt die Analyse auf der analytischen Ebene zu analytischen Elementen, zu »Universalen«. Darüber hinaus nimmt auf dieser Ebene das Handlungsschema, das die subjektive Perspektive sicherstellt, eine Bedeutung an, die sich von jener als deskriptives Schema deutlich unterscheidet; seine Elemente haben kausale Bedeutung, und am Ende stellt sich heraus, daß die Handlungskategorien auf der analytischen Ebene ihre Bedeutung verlieren. Auf der anderen Seite wird behauptet, daß Einheiten- bzw. Elementanalyse nicht verschiedene »Stufen« wissenschaftlicher Abstraktionen darstellen, sondern zwei verschiedene Arten der Abstraktion auf verschiedenen Ebenen.

Es scheint, daß Parsons' Unterscheidung mehrere heterogene Ideen zugleich betrifft:

a) *Die Frage verschiedener Ebenen in wissenschaftlichen Analysen im allgemeinen und in den Sozialwissenschaften im besonderen.* Was wir gewöhnlich eine Ebene nennen, kann definiert werden als das Gebiet einer aktuellen wissenschaftlichen Untersuchung, dessen Grenzen durch das zu untersuchende Problem bestimmt sind. Ein Wissenschaftler trifft bei seinem Entschluß, eine bestimmte, ihn interessierende Frage zu untersuchen, eine doppelte Entscheidung. Auf der einen Seite hat er sich entschieden, nur *jene* Phänomene zu untersuchen, die für sein Problem relevant sind, und dies auch nur *so weit* zu tun, *als* sie relevant sind. Auf der anderen Seite hat er sich entschieden, alle anderen Elemente seines Wissens als »Daten« zu behandeln, die für ihn solange er mit diesem und nur diesem Problem beschäftigt ist, »außer Frage« stehen.

Der Begriff »Ebene« ist daher nur ein anderer Ausdruck für die Trennlinie, die all das, was zum untersuchten Problem gehört, von dem scheidet, was nicht dazu gehört. Bis zu dieser Linie reicht das aktuelle Interesse des Wissenschaftlers; an ihr endet nach seinem Entschluß weiteres Fragen und Forschen. Das heißt aber nicht, daß die Entscheidung des Wissenschaftlers in dem Sinne willkürlich ist, daß sie von den intrinsischen Beziehungen absehen könnte, die unter allen möglichen, besonders zwischen allen vergleichbaren Problemen existieren. Es ist im Gegenteil möglich, äußerst wichtige Interdependenzen zwischen allen möglichen Systemen von Fragen und Antworten nachzuweisen und zu zeigen, daß es bestimmte Schlüsselbegriffe gibt, deren Berücksichtigung das zunächst homogen erscheinende Forschungsfeld in Bereiche zerlegt, die sich nach ihrer Relevanz bzw. Irrelevanz für das Untersuchungsproblem unterscheiden. Es hieße weit über den Rahmen dieser Abhandlung hinauszugreifen, wollte man auch nur die Grundzüge eines solchen Systems darlegen. Dabei wäre das alte Problem der aristotelischen »Aporetik« wieder aufzunehmen. In diesem präzisen Sinne jedenfalls bezieht sich Parsons' Unterscheidung zwischen Element-Analyse und Einheiten-Analyse auf zwei verschiedene »Ebenen« der Forschung. Auf den Schlüsselbegriff, der für beide dieser Ebenen konstitutiv ist, werden wir später zu sprechen kommen.

b) *Die logische Differenz zwischen unabhängigen Teilen und abhängigen Faktoren.* Die moderne Logik, insbesondere Edmund Husserls Untersuchungen haben den fundamentalen Unterschied zwischen beiden Arten der Analyse erwiesen.[49] Die eine besteht darin, ein »Ganzes« in Teile zu zerlegen, die unabhängig von dem Ganzen existieren können, also wenn ich etwa einen Wald in die Bäume zerlege, aus denen er sich zusammensetzt. Diese Art der Analyse korrespondiert mit Parsons' Einheitenanalyse. Der andere Analysetyp besteht in der Aussonderung abstrakter Faktoren, die außerhalb der Objekte, deren Elemente sie realiter sind, nicht existieren; so sprechen wir etwa von den Charakteristiken einer bestimmten Farbe. Wir können »Grün« in seinem Farbwert und seinen chromatischen Eigenschaften untersuchen ohne Bezugnahme auf grüne Objekte, zu denen diese Farbe notwendig gehört. Diese Abstraktion korrespondiert Parsons' Elementanalyse; und es ist völlig richtig, diese Elemente »Universale« zu nennen.

Irrig ist dagegen, diese beiden möglichen Analysetypen verschiedene Ebenen zu nennen. Denn sowohl die Elementanalyse als auch die Einheitenanalyse kann auf allen Ebenen der Abstraktion durchgeführt werden. Und entgegen seiner Annahme befaßt sich auch Parsons' Begriff der Akteinheit ausschließlich mit »Universalen«. Oder anders ausgedrückt: auch die »konkretesten« Mittel und Zwecke, auch seine Begriffe der »normativen Werte« und des »Handelnden« sind nichts anderes als »analytische Elemente«, folgt man seiner Terminologie.

c) *Die subjektive und die objektive Perspektive.* Mit Nachdruck kennzeichnet Parsons die subjektive Perspektive als prinzipielles Charakteristikum der Element-Analyse. Es ist aber wichtig zu sehen, daß er in diesem Falle den Ausdruck »subjektive Perspektive« in einem gänzlich anderen Sinne gebraucht, als dies üblicherweise im Zusammenhang seiner Einheiten-Analyse geschieht. Im letzteren Fall bezieht sich der Term auf konkrete Akteure und ihre konkreten Handlungen. Dabei geht es um Fragen wie: welche Ziele will der Akteur realisieren? mit welchen Mitteln? Über welches subjektive Wissen zu den Elementen seiner Handlung verfügt er? Dagegen nennt Parsons die Element-Analyse lediglich aus dem Grunde »subjektiv«, weil sie sich auf einen realen Prozeß innerhalb und außerhalb des Bewußtseins des Handelnden bezieht. Der Bedeutungsunterschied des Ausdrucks »subjektive Perspektive« in beiden Fällen ist offensichtlich. Es wird sich zeigen, daß die mangelnde Klarheit bei der Verwendung dieses Ausdrucks die Stelle der Parsonschen Theorie ist, an der die Kritik ansetzen muß.

Ist also die von Parsons getroffene Unterscheidung zwischen konkreten und analytischen Ebenen unbegründet und für die Methodologie der Sozialwissenschaften ohne Wert? Keineswegs! Nur liegt ihre eigentliche Bedeutung ganz woanders, als Parsons vermutet. Um auf einige spätere Ergebnisse vorzugreifen: Die wirkliche Bedeutung entsteht aus einem charakteristischen Dilemma: Auf der einen Seite ist es völlig richtig, daß soziale Phänomene auf Handlungen individueller Menschen zurückgeführt werden müssen, will man sie verstehen. Auf der anderen Seite können mehrere Wissenschaften, die sich mit sozialen Phänomenen beschäftigen, (unter ihnen die entwickeltesten Disziplinen wie die Ökonomie) ihre Aufgabe erfüllen, ohne sich auf die Analyse individueller oder auch nur kollektiver Handlungen einzulassen. Diese Situation ist nun in der Tat verwirrend und fordert eine gründliche Erklärung. Parsons bietet eine, freilich inkonsistente Lösung an. An späterer Stelle werde ich selbst einen alternativen Versuch, das Dilemma zu überwinden, unternehmen.

2. Die voluntaristische Theorie des Handelns und das Problem des wissenschaftlichen Wissens auf seiten des Handelnden

Das Handlungsschema, das Parsons eine »voluntaristische Theorie des Handelns« nennt, soll sowohl auf die Elementen-Analyse als auch auf die Einheiten-Analyse anwendbar sein. Somit können wir auch hier fortfahren, seine Eigenart zu untersuchen. Bedauerlicherweise hat Parsons nirgendwo erläutert, warum er seine Theorie »voluntaristisch« nennt. So kann man nur vermuten, daß seine Konzeption der Normativität das Bestreben des Handelnden einschließt, seine Handlungen an teleologische Wertmuster anzugleichen, und daß ihn dieser Zusammenhang mit dem Bereich des »freien Willens« zu dem recht merkwürdigen Ausdruck geführt hat. Die Spezifika, die diese voluntaristische Theorie vom allgemeinen Handlungsschema trennen, sind offensichtlich genug. Ein Unterschied kommt in Parsons Einsicht zum Ausdruck, daß das Schema wissenschaftlich gesicherten Wissens die subjektiven Elemente des Handelns nicht erschöpft und daß die bloße Bezugnahme auf Irrtum und Nichtwissen nicht als befriedigender Ausweg angenommen werden kann. Der andere Unterschied folgt aus der Berücksichtigung normativer Elemente, die als innerhalb des Systems selbst integriert behandelt werden.

Diese normativen Elemente haben eine zweifache Funktion. Zunächst müssen sie die Lücke füllen, die beim alleinigen Rückgriff auf das rationale (und das heißt bei Parsons: durch das wissenschaftlich verifizierbare) Schema der Zweck-Mittel-Beziehungen offen bleibt. Insoweit bilden die normativen Elemente eine Residual-Kategorie, um Paretos Terminologie zu benutzen. Zweifellos hat Paretos Konzept der »nicht-logischen« Elemente des Handelns Parsons Theorie hochgradig beeinflußt.[50]

Dann aber beseitigt die Einführung der normativen Elemente die »Zufälligkeit« der Zwecke – eine Schwierigkeit, die nach Parsons Analyse die utilitaristische Handlungstheorie kennzeichnet. Das normative Muster schafft letzte Werte, die mit der gesamten Systemstruktur integriert und für diese entscheidend sind.

Ich stimme mit Parsons völlig darin überein, daß das positivistische Ideal des wissenschaftlich gesicherten Wissens für die Erklärung menschlicher Akte unzureichend ist. Ich möchte allerdings noch einen Schritt weitergehen und behaupten, daß man es geradezu als Ausnahme bezeichnen muß, wenn wissenschaftlich gesichertes Wissen Teil des Zweck-Mittel-Schemas wird, das ein Handelnder anwendet, jedenfalls solange er mit Alltagshandlungen beschäftigt ist. Jedes wissenschaftliche Wissen setzt Begriffe und Urteile voraus, die mit höchster Klarheit, Deutlichkeit und Präzision gebildet werden müssen. Nichts davon ist für das Alltagsdenken typisch. Dessen Begriffe sind an die Notwendigkeiten konkreter und daher auch sehr begrenzter Situationen gebunden. Sie sind nur insoweit klar und eindeutig, als das Interesse des Handelnden die Aufklärung einer komplexen Situation erforderlich macht. Bei seinen Alltagshandlungen läßt sich der Handelnde nicht durch die Absicht leiten, die reale Natur der Dinge oder das eigentliche Wesen von Kausalketten und Naturgesetzen herauszufinden. Wie William James es ausgedrückt hat, ist der Alltagsmensch ein »Denker in Faustregeln; er ist nicht in der Lage, irgendetwas von Daten herzuleiten, mit deren Eigenschaften und Verbindungen zur konkreten Welt er nicht vertraut ist.«[51] Der Alltagsmensch hat prinzipiell nur ein partielles Wissen über die Welt seines täglichen Lebens, die er auch nur teilweise versteht. Seine Aussagen über diese Welt sind daher auch nur sehr beschränkt, nämlich in konkreten Situationen, anwendbar. Sie sind nicht in der Absicht formuliert, für einen möglichst breiten Sektor der empirischen Welt gültig zu sein; das aber ist das Prinzip allen wissenschaftlichen Denkens.

Aber sind sie auch schon deswegen nicht-logisch? Oder: sind einfache Erfahrungsregeln, die lediglich in Form von Rezepten auftreten, schon allein dieser Tatsache wegen unvernünftig (oder: nicht »rational«, um die Sprache derjenigen zu benutzen, die unkritisch »Rationalität« mit »Vernünftigkeit« gleichsetzen)?[52] Keineswegs! Die Kategorien und Operationen, die das Denken des täglichen Lebens bestimmen, stellen lediglich *eine besondere Form* der formalen Logik dar. Diese spezielle Logik des Alltags oder, wie Husserl sie genannt hat: die Logik der »Gelegenheitsurteile«, ist bisher noch nicht entwickelt.[53] Ein wesentlicher Ansatzpunkt für die Rekonstruktion dieses logischen Systems müßte notwendig ein subjektiver Begriff der Wahrheit und der Bestätigung sein; dadurch könnten die Trugschlüsse vermieden werden, die sich einstellen, wenn auf seiten des Handelnden einfach »Irrtum« und »Nichtwissen« angesetzt wird.

Unsere Aufgabe kann es hier nicht sein, diese logischen Probleme weiter zu erörtern. Es ist aber für die Einschätzung der Theorien von Pareto wie der von Parsons ein entscheidender Gesichtspunkt, daß die (philosophisch gesprochen:) *naive* Gleichsetzung *wissenschaftlichen* Wissens und *wissenschaftlicher* Logik als solcher mit den rationalen Elementen des Handelns allgemein nicht haltbar ist. Beide Autoren behandeln den Bereich nicht-logischer oder nicht-wissenschaftlicher Elemente als »Residualkategorie«. Diese Auffassung führt Pareto zu seiner Theorie der Residuen und Derivationen als nicht-logischen Elementen und Parsons zu seiner Konzeption der normativen Werte des Handelns, denen wir uns nun zuwenden müssen.

Zuvor sollte aber gezeigt werden, daß der skizzierte Begriff des wissenschaftlichen Wissens mit der »subjektiven Perspektive« unvereinbar ist, die von Parsons zu Recht als fundamentales Element der Handlungstheorie bezeichnet wird. Richtig ist, daß der Terminus »wissenschaftlich« nicht bedeutet, daß die sogenannten »wissenschaftlichen« Wissenselemente des Handelnden durch eine empirische Wissenschaft tatsächlich verifiziert sein müßten. Es genügt, daß der Handelnde in der Sozialwelt annimmt, daß jene Elemente von empirischen Wissenschaften verifizierbar sind. Aber wie dem auch sei, ob nun verifiziert oder nur verifizierbar: beide Kategorien sind Wissenselemente des Beobachters, genauer: des Wissenschaftlers, der Handelnde und Handlungen in der Sozialwelt beobachtet; sie gehören daher auch dem objektiven Bezugsrahmen zu. Normalerweise läßt sich ein konkreter Handelnder nicht durch die Frage beunruhigen, ob das, was sich ihm im Vorrat seiner Alltagserfahrungen (seine Handlungsrezepte, seine habituellen Überzeugungen, seine Hoffnungen und Befürchtungen) als Chancen und Risiken, als wahrscheinliche oder unwahrscheinliche Ereignisse, als geeignete Mittel für vorgegebene Zwecke darstellt, als solche auch noch von einer empirischen Wissenschaft bestätigt werden könnte. Als Handelnder ist er nicht an der Suche nach unbezweifelbarer Sicherheit interessiert, sondern nur an den Chancen, seine alltäglichen Erwartungen zu realisieren. Ihn kümmert nicht das Problem, ob seine Urteile und Schlußfolgerungen oder deren Einzelschritte wahr oder falsch sind, wenn sie nur für das Erreichen seiner Ziele erfolgreich sind, wie sie in seiner eigenen Erfahrung und der anderer bisher erfolgreich waren.[54]

Natürlich: entsteht eine Situation, die durch die reine Routine nicht gemeistert werden kann, wenn also der Handelnde »einhält und überlegt«, wie Dewey sagt, dann mag er sich an eine empirische Wissenschaft wenden, indem er z. B. einen entsprechenden Experten konsultiert, um zu klären, ob die von ihm ins Auge gefaßten Mittel zur Realisierung seiner Zwecke geeignet sind. Aber selbst in diesem Fall geht es ihm nicht darum, wissenschaftliche Wahrheit zu finden, sondern lediglich darum, seine privaten Erfolgschancen zu kontrollieren. Im konkreten Vollzug seiner Handlung kann der Handelnde nicht irren. Ist sein Entwurf realisiert, seine Handlung vollzogen,[55] kann er natürlich sehr wohl erkennen, daß er einen Fehler gemacht hat, daß sein Plan falsch war, daß er fälschlich von Voraussetzungen ausgegangen war, die z. B. mit wissenschaftlich gesichertem Wissen unvereinbar sind. In gleicher Weise kann ein solches Urteil auf Entwürfe und Handlungen angewendet werden, deren Realisierung oder Vollzug nur vorgestellt, imaginiert wurden. Aber der sogenannte Handelnde ist kein Handelnder mehr, wenn er auf vollzogene (oder als vollzogen imaginierte) Handlungen zurückblickt. Denn dies tut er in der gleichen Einstellung zu seinen eigenen Akten, die einen dritten Beobachter auch leiten würde. Sie ist die detachierte Einstellung eines Menschen, der in dem Sinne am Ergebnis seines Handelns kein Interesse mehr nimmt, als deren Erfolg bzw. Mißerfolg bereits feststeht. Es gibt keinen Spielraum mehr für offene Möglichkeiten und Entscheidungen, sondern nur stattgehabte Ereignisse. Dadurch werden diese der Analyse und wissenschaftlichen Kritik zugänglich. Zusammenfassend kann ich jetzt meine Frage präziser wie folgt formulieren: Welche zum Bezugsrahmen des Handelns gehörigen Elemente sind tatsächliche Kategorien im Bewußtsein des Handelnden und daher subjektiv im strikten Wortsinn und welche sind lediglich geeignete Interpretationsschemata des Beobachters und daher objektiv? Nachdem gezeigt ist, daß das wissenschaftlich verifizierbare Wissen eine objektive Kategorie ist, können wir nun dazu übergehen, den Begriff der normativen Werte zu untersuchen. Um dem Ergebnis vorzugreifen: auch diese Kategorie wird sich als reines Interpretationsschema erweisen. Sie gehört daher ebenfalls nicht zur subjektiven Perspektive.

3. Normative Werte und Motive

Ich muß gestehen, daß mir das Konzept »normative Werte des Handelns« ziemlich rätselhaft geblieben ist trotz erheblicher Anstrengungen meinerseits und trotz einiger Erläuterungen, die Parsons mir in privaten Gesprächen freundlicherweise gegeben hat. Soweit ich sehen kann, möchte Parsons diesen Begriff der subjektiven Perspektive zurechnen. Der normative Wert ist auf der einen Seite ein Handlungsmuster im Bewußtsein des Handelnden, »dessen Realisierung durch eigene zukünftige Handlungen erstrebenswert ist«. In diesem Sinne ist er ein teleologisches Element für den Handelnden, oder wie Parsons sagt, sowohl ein selektiver Faktor für die vom Handelnden kontrollierten Mittel, als auch ein integrierendes Element für die möglichen Zwecke seiner Handlungen, die nun nicht mehr zufällig festgelegt sind, sondern im Rahmen eines Systems, dessen Zentrum der Wert bildet, wie er durch die Norm gesetzt ist. Auf der anderen Seite definiert Parsons »Normen« als verbale Beschreibungen eines konkreten Handlungsverlaufs, verbunden mit dem Gebot, künftige Handlungen daran auszurichten. Im subjektiven Sinne muß man diese letztere Definition vermutlich so interpretieren: Die Norm entsteht im Bewußtsein des Handelnden und fordert die Befolgung des durch ihren Inhalt ausgedrückten Befehls. Aber auch dann, wenn eine solche Interpretation akzeptabel ist, erkennt man sogleich die folgende Divergenz:

1. Da ist einerseits ein rein *autonomes* teleologisches Element, das durch die Wahl des Handelnden bestimmt und innerhalb eines bestimmten Freiheitsspielraums durch bestimmte »Bedingungen« begrenzt ist, wie etwa die Verfügbarkeit bestimmter Mittel, die Vereinbarkeit des gewählten Handlungsziels mit anderen Zielen etc.

2. Da ist aber auch ein *heteronomer* Befehl, der aufgrund der Autorität bestimmter Mitmenschen, eines Gesetzes oder Gottes gesetzt ist, aber auch durch gewisse Prinzipien der Kunst, soziale Gewohnheiten, Bräuche und Geschmacksrichtungen. Ihnen ist

gemeinsam, daß sie außerhalb der aktuellen Kontrolle des Handelnden liegen.

Das *teleologische* Element normativer Werte kann in der Tat in dem Sinne als selektiv bezeichnet werden, als der Handelnde – einmal abgesehen von allen »technischen« Faktoren – seine Zwecke und Mittel (besser noch: seine Ziele und Mittel) in einem gegebenen Moment im Rahmen einer hierarchischen Ordnung miteinander zum Ausgleich bringt, sie also integriert. Dann aber wäre das *normative* Element nicht in dem gleichen Sinne selektiv. Denn soweit Mittel und Zwecke unter eine Norm fallen, werden sie dadurch eher begrenzt. Sie sind nicht länger Gegenstand einer freien Wahl. Das wäre ja nur dann der Fall, wenn keine Norm existiert oder der Handelnde eine existierende Norm nicht als solche wahrnimmt. In diesem Sinne gibt es aber keine Norm, die nicht in »Bedingungen« oder »Mittel« zerlegt werden könnte. Denn jede Norm fordert die Unterwerfung des Normadressaten und impliziert irgendeine Form der Strafe für Nicht-Unterwerfung. Wer willens ist, die faktischen, rechtlichen oder moralischen Sanktionen auf sich zu nehmen, die in dieser oder einer anderen Welt der Ungehorsam nach sich zieht, der ist frei, eine Norm zu mißachten. Das aber wäre genau die Situation, in der ein Handelnder sich einem teleologischen Dilemma gegenübersieht. Selbst im Bereich des freien Willens hat jeder zu realisierende Zweck und jedes anzuwendende Mittel erwünschte und unerwünschte Konsequenzen zugleich. Der Handelnde steht somit immer vor der Wahl, seinen Entwurf zu realisieren oder zu verwerfen, und – alle damit verbundenen Sekundäreffekte zu akzeptieren, ob er sich nun für oder gegen die Realisierung seines Ziels entscheidet. Mit anderen Worten: interpretiert man den Begriff des normativen Wertes strikt vom Gesichtspunkt des handelnden Subjektes aus, ist nicht zu sehen, warum sich die Wahl zwischen Mitteln und Zwecken, die durch einen normativen Wert geleitet wird, unterscheiden sollte von irgendeiner anderen Wahl, die mit einem solchen Wert nichts zu tun hat.

Hält man aber strikt am subjektiven Gesichtspunkt fest, ist noch eine andere Interpretation von Parsons' Theorie normativer Werte möglich. Zahlreiche seiner Formulierungen legen zweifellos diese zweite Alternative nahe. Vielleicht gibt es keine Handlung, die ohne Bezugnahme auf ein normatives Wertmuster denkbar wäre. Vielleicht setzt jede Wahl zwischen Mitteln oder Zwecken immer schon einen solchen Wert voraus, ohne den eine Wahl überhaupt nicht möglich wäre. Was ich zuvor die für den Handelnden (nicht den Beobachter!) gegebene Vereinbarkeit oder Unvereinbarkeit von Zwecken und Mitteln genannt habe, ist vielleicht nichts anderes als eine andere (allerdings schlechtere!) Definition des gleichen Phänomens, das Parsons »normativer Wert« nennt. Ist etwa die gesamte hier geübte Kritik ein Streit um Worte?

Ist diese Interpretation zutreffend, muß man vor allem fragen, warum Parsons beim Handelnden die Kenntnis des normativen Wertmusters selbst dort voraussetzt, wo der Handelnde zwischen irrationalen oder nicht-logischen Handlungen wählt. Wenn tatsächlich bei jedem Akt, ohne Ausnahme, das Wissen des Handelnden über den implizierten Wert vorausgesetzt ist, dann ist kein irrationaler Akt denkbar, der nicht zumindest »wertrational« und daher vernünftig wäre. Müßte man darüber hinaus auch jene verschiedenen Akte als durch Werte bestimmt auffassen, die üblicherweise, besonders von Max Weber, affektuale und habituelle Akte heißen, dann wird unklar, welcher Unterschied generell noch zwischen normativen Werten und Motiven besteht.

Damit hat unsere Untersuchung von Parsons' Handlungstheorie einen äußerst wichtigen Punkt erreicht. Es muß zweifellos befremden, daß eine im übrigen mit solcher Sorgfalt entworfene Handlungstheorie das Problem der Motive sozialen Handelns nur ganz oberflächlich streift. Lediglich in der ersten Problemeinführung erwähnt er überhaupt Motive und sagt, daß Handelnde in der Sozialwelt normalerweise bestimmte Motive aufzuzählen pflegen, wenn sie nach dem Sinn ihrer Handlung gefragt werden. Neben dieser kurzen Bemerkung nimmt das Buch nur noch an einer einzigen weiteren Stelle auf Motive Bezug, nämlich dort, wo es sich mit Webers Theorie des »motivationsmäßigen Verstehens« beschäftigt.[56] Man muß annehmen, daß Parsons diese Seite der Handlungstheorie ganz bewußt ausgespart hat. Für ihn liegt eine Motivtheorie wahrscheinlich außerhalb der Handlungswissenschaft; Parsons möchte sie der Psychologie überlassen. Für seine Zwecke hält er wohl eine Theorie normativer Werte für das geeignetere Instrument.

Demgegenüber meine ich, daß nur eine Theorie der Motivation die Analyse sozialen Handelns vertiefen kann, wenn man mit der subjektiven Perspektive wirklich ernst machen will. An anderer Stelle[57] habe ich eine solche Theorie skizziert. Es scheint nützlich, hier einige ihrer wichtigsten Grundzüge zu wiederholen.

Ich gehe von der Unterscheidung zwischen Handeln (action) und Verhalten (behavior) aus. Das entscheidende Charakteristikum des Handelns liegt genau darin, daß es durch einen Entwurf, der ihm zeitlich vorausgeht, bestimmt wird. Somit ist Handeln ein Verhalten, das dem Plan eines entworfenen Handlungsablaufs entspricht. Der Entwurf ist damit nicht mehr und nicht weniger als die im Zeitmodus der vollendeten Zukunft vorgestellte Handlung, zu der sich ein Handelnder entschließt. Daher ist der Entwurf der primäre und fundamentale Sinn einer Handlung. Aber das ist eine zu starke Vereinfachung, nicht mehr als eine erste Näherung. Der Sinn, der einer Erfahrung beigelegt wird, wechselt entsprechend der Gesamteinstellung eines Handelnden zum Zeitpunkt der Reflexion. Ist eine Handlung vollzogen, wird sich der Sinn, wie er zum Zeitpunkt des Entwurfs gegeben war, im Lichte des tatsächlichen Handlungsverlaufs modifizieren. Denn auf eine bereits vollzogene Handlung können sich unbegrenzt viele Reflexionen richten, die ihr, nun im Zeitmodus der Vergangenheit, Sinn zuschreiben.

Der einfachste Sinnkomplex, in dessen Rahmen eine Handlung vom Handelnden interpretiert wird, bilden die Motive des Handelns. Aber dieser Begriff ist nicht eindeutig; er umfaßt zwei Kategorien, die man auseinanderhalten muß: die »Um-zu-Motive« und die »Weil-Motive«. Die ersteren beziehen sich auf die Zukunft und sind identisch mit dem Ziel oder dem Zweck, für deren Verwirklichung die Handlung selbst das Mittel darstellt; sie bilden den »terminus ad quem«. Die letzteren beziehen sich auf die Vergangenheit, und man könnte sie die Gründe oder Ursachen des Handelns nennen; sie bilden den »terminus a quo«. So wird die Handlung durch den Entwurf bestimmt, der das Um-zu-Motiv einschließt. Der Entwurf ist der intendierte Akt, imaginiert als bereits vollzogen. Das Um-zu-Motiv kennzeichnet den zukünftigen Zustand, wie er durch die entworfene Handlung herbeigeführt werden soll; andererseits ist der Entwurf durch das Weil-Motiv bestimmt. Die Sinnkomplexe, die das Um-zu-Motiv einerseits, das Weil-Motiv andererseits konstituieren, unterscheiden sich voneinander darin, daß das erstere integraler Teil der Handlung selbst ist, während das letztere einen besonderen Reflexionsakt auf Vergangenes erfordert, den ein Handelnder nur dann vollziehen wird, wenn er dafür hinreichende praktische Gründe hat.

Hinzuzufügen ist, daß weder die Ketten der Um-zu-Motive,

noch die Ketten der Weil-Motive vom Handelnden beim Vollzug einer konkreten Handlung rein nach dem Zufall ausgewählt werden. Sie sind im Gegenteil in umfassenden subjektiven Systemen organisiert.[58] Die Um-zu-Motive sind zu subjektiven Plansystemen integriert, in einen Lebensplan, in Pläne für Arbeit und Muße, Pläne für das, was »jetzt getan werden muß«, Terminpläne für heute, die Aufgabe der Stunde usf. Die Weil-Motive gruppieren sich zu Systemen, die in der amerikanischen Literatur zutreffend unter dem Begriff der »sozialen Persönlichkeit« bearbeitet werden.[59] Die mannigfaltigen Erfahrungen des Selbst von seinen eigenen Grundeinstellungen in der Vergangenheit, wie sie sich in Form von Prinzipien, Maximen und Haltungen, aber auch Geschmacksrichtungen, Affekten usw. kristallisiert haben, bilden die Elemente der Systeme, die der Handelnde als Person verkörpert. Damit ist ein sehr komplexes Problem berührt, das eingehendere Überlegungen erfordert, als hier möglich sind.[60]

Mit Blick auf Parsons' Theorie stellt sich nun die Frage, worin die Unterschiede beider Ansätze liegen, und vor allem, worin der Vorteil einer Motivtheorie zu sehen ist. *Erstens* kann man sagen, daß die Motivtheorie sich strikt auf die Sicht des Handlungssubjektes konzentriert und keinerlei objektive Elemente enthält. Das heißt, daß in dieser Perspektive subjektive Tatsachen tatsächlich auch in ausschließlich subjektiven Termen beschrieben werden können. Und dennoch können diese rein subjektiven Begriffe vom jeweiligen Handlungspartner in der Sozialwelt als auch vom wissenschaftlichen Beobachter typisiert und so als Interpretationsschema benutzt werden.

Zweitens vermeidet die innere Organisation beider Motivsysteme ihre Ordnung aufgrund von Handlungsentwürfen oder aufgrund von Persönlichkeitstypen, die Zufälligkeit von Zwecken, wie sie die utilitaristische Handlungstheorie unterstellen muß, ohne andererseits auf die metaphysische Frage letzter Werte und letzter Zwecke eintreten zu müssen. Das »utilitaristische Dilemma«, wie Parsons es genannt hat, ist damit ausgeräumt. Im Rahmen einer Motivtheorie steht nicht zur Debatte, ob für den Handelnden letzte Werte existieren oder nicht; die Frage ist vielmehr, welcher Grad von Relevanz den verschiedenen Zwecken und Um-zu-Motiven vom Handelnden beigemessen wird. Dieses Motivsystem eines Handelnden steht immer nur zu einem gegebenen Zeitpunkt seiner Existenz als gegeben fest. Es verändert sich von einem Moment zum nächsten einfach dadurch, daß während und durch diesen Fortgang neue Erfahrungen entstehen, einige sich in den Vordergrund des Interesses schieben, während andere der Aufmerksamkeit entgleiten oder gänzlich in Vergessenheit geraten.

Dieser kontinuierliche Wechsel des Interesses, der Relevanz und der Aufmerksamkeit ist in seiner Struktur äußerst kompliziert, aber einer Beschreibung im Detail durchaus zugänglich. Möglicherweise fällt diese Aufgabe in den Bereich der Philosophie oder der Psychologie. Aber die Theorie sozialen Handelns muß ein vitales Interesse an einer Grundtatsache nehmen: das System der Motive (oder in Parsons' Begriffen: das System der »normativen Werte«) ist vor allem anderen eine Funktion des Lebens menschlichen Bewußtseins *in der Zeit*, d. h. in der »durée«, um Bergsons Ausdruck zu benutzen. Jede wirklich subjektive Beschreibung muß dieser Tatsache Rechnung tragen; sie ist ihrerseits kaum vereinbar mit der Konzeption letzter Werte oder letzter Zwecke oder einer Normativität, an die man sich ohnehin nur temporär halten kann.[61]

Drittens braucht die Motivtheorie keinerlei Aussagen über ein konkretes Substrat der Um-zu- bzw. der Weil-Motive zu machen. Diese Begriffe beziehen sich lediglich auf die Form dessen, was Parsons Akt-Einheit nennt; dagegen ist nichts über die materielle Struktur dieser Motive vorausgesagt. Soweit Werte oder Normen (als »Werthaltungen« oder »Normorientierungen«) für den Handelnden relevant werden, finden sie, wie alle nicht-normativen Elemente auch, in diesem Schema ihren Platz. Darüber hinaus kann alles, was in der Zweck-Mittel-Beziehung, im Problem der Rationalität, des Habitus des Handelns in Übereinstimmung mit einem Handlungsmuster usw. subjektiv ist, ohne Schwierigkeiten im Rahmen dieses Schemas gefaßt werden. Parsons hat das Werk der vier betrachteten Soziologen (*Durkheims* Theorie des Selbstmords und des Rituals, *Marshalls* ökonomische Kategorien, *Paretos* Theorie der Residuen und Derivationen und natürlich das Gesamtwerk *Max Webers*) als Versuche aufgefaßt und diskutiert, Systeme normativer Werte zu formulieren. Es läßt sich zeigen, daß sie alle als Systeme von Um-zu-Motiven bzw. Weil-Motiven interpretiert werden können, jedenfalls dann, wenn bei allen diesen Phänomenen die Perspektive der Handlungssubjekte im Mittelpunkt der Untersuchung bleibt.

Dieser letzte Punkt ist nun in der Tat entscheidend. Parsons'

Grundeinsicht, daß eine Handlungstheorie, die nicht um den Gesichtspunkt des Handlungssubjekts zentriert wäre, sinnlos bliebe, ist völlig richtig. Aber er folgt diesem Gedanken nicht radikal genug. Vielmehr ersetzt er die subjektiven Ereignisse im Bewußtsein des Handelnden durch ein Interpretationsschema für solche Ereignisse, über das nur der Beobachter verfügt. So vermengt er objektive Schemata für die Interpretation subjektiver Phänomene mit diesen subjektiven Phänomenen selbst. Als einem außerordentlich genauen und reflektierten Denker bleibt ihm natürlich nicht verborgen, daß es »eine bestimmte Art der Beziehung« zwischen den Elementen der Akteinheit, also zwischen dem Handelnden, dem Zweck der Handlung und der Situation geben müsse. Aber er fragt nicht nach der subjektiven Struktur dieser Beziehung; diese Frage hätte ihm mit Sicherheit die Analyse von Motivsystemen aufgenötigt. Statt dessen führt er die normativen Werte ein; für die Interpretation von Motiven sozialen Handelns bilden sie in der Tat ein hilfreiches Schema und sind auch in diesem Sinne von vielen bekannten Soziologen mit größtem Erfolg angewendet worden.

Trotz zahlreicher, bereits wiedergegebener Formulierungen, daß nämlich die Interpretation nach normativen Werten mit dem subjektiven Gesichtspunkt nicht nur vereinbar ist, daß sie sich sogar wechselseitig entsprechen, stellt Parsons die eine Frage nie: was geht im Bewußtsein des Handelnden, in dessen Perspektive, tatsächlich vor? Seine Untersuchung beantwortet nur die Frage, wie ein theoretisches Schema entwickelt werden könne, das zu erklären vermag, was im Bewußtsein des Handelnden vorgehen könnte oder was als geschehend angesehen werden kann. Parsons ist somit nicht auf die wahren subjektiven Kategorien aus; vielmehr sucht er objektive Kategorien für die Interpretation subjektiver Perspektiven.

Aber: tut Parsons darin nicht ganz recht? Zweifellos ist das Problem, subjektive Phänomene mit objektiven Begriffen angehen zu müssen, *die* entscheidende Frage der sozialwissenschaftlichen Methodologie. Nun könnte der Leser bereits unruhig fragen, warum hier an der Perspektive des Subjekts mit solcher Sturheit festgehalten wird. Denn offenbar führt dieses Prinzip doch nicht zu einem System mit praktischem Forschungsnutzen für Sozialwissenschaftler, sondern endet vielmehr in der Sackgasse des Solipsismus und psychologistischer Untergliederungen, die außerhalb des sozialwissenschaftlichen Interesses liegen. Ich muß noch um etwas

Geduld nachsuchen. Die Handlungstheorie, bei deren Entwicklung Parsons sich kaum zu überschätzende Verdienste erworben hat, steht und fällt nun einmal mit der erfolgreichen Analyse der Beziehung zwischen der Perspektive der Handlungssubjekte und den Begriffen, die Soziologen bei ihrer konkreten Forschungsarbeit benutzen. Bevor ich mich aber diesen Untersuchungen zuwenden kann, muß noch eine weitere Frage in Parsons' Theorie diskutiert werden, die mit dem Prinzip der Subjektivität verwoben ist.

4. Die Abgrenzung der Akteinheit

Parsons definiert »Akteinheiten« als die letzten Elemente, in die ein konkretes Handlungssystem zerlegt werden kann.[62] Eine Akteinheit ist charakterisiert durch einen gegebenen Handelnden, einen gegebenen Zweck, eine gegebene Situation (die Bedingungen und Mittel einschließt), und eine gegebene normative Wertorientierung als Beziehung zwischen jenen anderen Elementen. Bisher habe ich nur die Verbindung zwischen der normativen Wertorientierung und der Perspektive des Handlungssubjekts untersucht. Als Ergebnis ergab sich dabei, daß ein normativer Wert, rein subjektiv interpretiert, sich in seiner methodologischen Funktion nicht von der anderer Um-zu-Motive oder Weil-Motive unterscheidet. Lediglich von einem objektiven Standpunkt aus könnte man sagen, daß einige Motive Parsons' Begriff des »Wertes mit normativem Charakter« entsprechen. Ich möchte nun zu zeigen versuchen, daß alle von Parsons aufgeführten Begriffselemente der Akteinheit jeweils ihre Bedeutung ändern, je nachdem sie unter subjektivem oder unter objektivem Gesichtspunkt aufgefaßt werden.

Beginnen wir mit einer prinzipiellen Frage: Ist es logisch möglich, ein Handlungssystem in Akteinheiten als dessen letzte, erreichbare Elemente zu zerlegen? Ich möchte hier die These verteidigen, daß diese »Zerlegung« zu radikal verschiedenen Ergebnissen führen wird (und führen muß), je nachdem sie vom Handelnden oder einem Beobachter vorgenommen wird. Dieser Unterschied ist kein zufälliger; er ist wesentlich bestimmt durch die logische Struktur des Verstehens eines *alter ego*. Denn die Begriffe »Handlungssystem«, und selbst »Handlung« sind als solche unbestimmt; sie bedürfen eines qualifizierenden Zusatzes, der angibt, *wem* sich eine gegebene konkrete Ereignisfolge als eine »Handlung« oder ein »Handlungssystem« darstellt.

Der tiefere Grund für diesen entscheidenden Zusammenhang liegt in der spezifischen Einstellung des Handelnden zu seinen eigenen Akten. Im naiven Vollzug seines Alltags findet sich ein Handelnder von Anfang an durch verschiedene subjektive Systeme angeleitet, die sein eigenes Leben organisieren. Dabei handelt es sich um Systeme des Planens und Entwerfens, von Zielen, die erreicht werden sollen, von Glück, nach dem man strebt, von Pflichten, die zu erfüllen sind, von Übel, das es zu vermeiden gilt. Sie bestimmen den Bereich aller dem Handelnden möglichen Tätigkeiten ebenso wie die Verfahren jedes dieser konkreten Akte, selbst der niedrigsten. Die weitere Analyse zeigt, daß diese Ordnungszusammenhänge Systeme subjektiv konsistenter Um-zu-Motive darstellen, wie wir sie genannt haben, die in mehr oder weniger bewußten »Lebensplänen« zusammengefaßt werden. Und diese Systeme gründen ihrerseits auf Systemen subjektiv konsistenter Weil-Motive, wie etwa Prinzipien, Maximen etc.

Eine sehr wichtige Frage in diesem Zusammenhang ist sicherlich: Wie können solche Systeme im Fluß des individuellen Lebens entstehen, und wie kommt es zu dieser Organisation? Diese Frage gehört in den Bereich des großen Problems der Relevanz; ihr im Detail nachzugehen ist die primäre Aufgabe der wissenschaftlichen Untersuchung der Persönlichkeit.[63]

Hier ist es nicht nötig, eine solche Analyse zu beginnen. Ich kann mich vielmehr auf die Annahme beschränken, daß für jeden Handelnden solche konsistenten Pläne gegeben sind. Innerhalb der hierarchischen Ordnung solcherart konsistenter Motive, die Pläne und Maximen subjektiven Lebens genannt werden, hat jeder Handlungsentwurf seinen wohl bestimmten Platz.

Diese Motivsysteme allein, die ein Handelnder ausgebildet hat und weiterhin als konsistente, sein Leben organisierende Prinzipien anerkennt, bestimmen für ihn selbst den Sinn des konkreten Aktes, den zu vollziehen er sich anschickt. Diese fundamentale These steht keineswegs in Widerspruch zu der offensichtlichen Tatsache, daß ein großer Teil des Alltagslebens abläuft, ohne daß im Bewußtsein des Handelnden ein klarer und wohl umschriebener Entwurf artikuliert wird. Denn das kann nichts anderes heißen, als daß entweder ein solcher Entwurf dem Akt nicht *unmittelbar* vorausgeht, vielmehr im vergangenen inneren Leben des Handelnden verborgen ist, oder daß ein solcher Entwurf temporär nicht im Blick ist und, wenn man so sagen darf, in der Zukunft verborgen liegt.

Als Beispiel für den *ersten Fall* bietet sich Routine-Handeln an: das ist ein Handeln, das durch einen bestimmten Habitus, Fähigkeiten oder Rezepte geleitet wird. Dabei handelt es sich noch immer um entworfene Handlungen, obwohl der Entwurf dem Vollzug des konkreten Aktes nicht unmittelbar vorausliegt. Aber es gab früher eine Reihe bewußt entworfener Akte, die vollzogen wurden, um den Habitus zu formen, die Fähigkeit zu erwerben oder das Rezept zu erfinden. Deren Grundmotiv lag in der Einsicht des Handelnden, daß er bestimmten Problemen konfrontiert ist, die insofern »konstante« Probleme genannt werden können, als sie im Rahmen konsistenter Pläne wieder gelöst werden müssen.

Um ein Beispiel für den *zweiten Fall* zu finden, braucht man nur daran zu erinnern, daß Handlungsentwürfe, die eine lange Zeitspanne betreffen, durch den natürlichen Lebensrhythmus in Phasen zerlegt werden, die durch Zwischenziele definiert sind. Wer z. B. ein Buch schreiben will, kann diese Arbeit nicht auf einen Streich vollenden. Er muß seinen Entwurf in Teilaufgaben zerlegen, deren Zweck allerdings immer durch die Gesamtaufgabe bestimmt bleibt. Der Absatz, den er heute niederschreibt, oder der Satz, an dem er gerade arbeitet, werden geplant, um das entworfene Buch fertigzustellen, das vielleicht selbst nur einen Teil des Denkens seines Autors ausfüllt.

Zieht man all dies in Betracht, so wird deutlich, daß für den Handelnden nichts anderes einen bestimmten Akt ausgrenzt, als die Reichweite seines Entwurfs. Dabei schließt der Begriff »Entwurf« auch den Horizont der konsistenten Lebenspläne des Handelnden mit ein, insofern der konkrete, zukünftige Zustand, der durch die entworfene Handlung herbeigeführt werden soll, seinen mehr oder weniger klar definierten Platz in diesen Plänen hat. Ganz bewußt sprechen wir dabei aus mehreren Gründen von »mehr oder weniger klarer« Definition. *Erstens:* Obwohl es zu jedem Zeitpunkt in sich stimmig bleibt, verändert sich das gesamte System der Lebenspläne notwendigerweise dadurch, daß das Selbst des Handelnden von einem Moment seines inneren Lebens zum nächsten übergeht. Wie gesagt ist es das System der Lebenspläne, das für den Handelnden den vollen Sinn einer konkreten Handlung bestimmt. Folglich wandelt sich auch dieser Sinn mit der kontinuierlichen

Modifikation des gesamten Systems. *Zweitens* ist das System der Lebenspläne in seiner vollen, expliziten Artikulation dem Handelnden nur teilweise bekannt; es wird nur teilweise durch den Strahl der aktuellen Aufmerksamkeit erreicht und dadurch relevant gemacht. In einem gegebenen Moment liegt nur ein Kern im hellen Licht, umgeben von Horizonten zunehmender Dunkelheit. Zusammen konstituieren sie den explizierbaren, wenn auch nicht aktuell explizierten Hintergrund, von dem sich der entworfene konkrete Akt abhebt. Um es deshalb noch einmal zu sagen: Es ist die so bestimmte Reichweite des Entwurfs, die einen Akt als solchen, die »Akteinheit«, ausgrenzt.

All dies ist aber nur dem Wissen des Handelnden selbst zugänglich, bleibt aber außerhalb der Kontrolle, ja selbst des Blicks des Beobachters. Denn der einzige Zugang eines Beobachters zum Handeln eines anderen ist der bereits vollzogene Akt. Ein Beobachter kann nur Segmente der vom Handelnden vollzogenen Aktivität wahrnehmen. Wollte er wirklich und ernsthaft beschreiben, was im Bewußtsein eines Handelnden beim Vollzug seiner Handlung geschieht, und wäre diese noch so unbedeutend, so müßte er in den gesamten Bewußtseinsstrom des Handelnden eintreten einschließlich der Geschichte von dessen Persönlichkeit mit all seinen subjektiven Lebensplänen und deren Genese, mit all seinen Fähigkeiten und Erfahrungen, mit all seinen Erwartungen für die Zukunft. Um das möglich zu machen, müßte der Beobachter allen Phasen des inneren Lebens der beobachtenden Person folgen, in der gleichen Reihenfolge und mit der gleichen Geschwindigkeit, und er müßte sie in der gleichen Fülle erleben, wie die beobachtete Person. Und das bedeutete – wie Bergson bereits in seinem ersten Buch gezeigt hat[64] – daß der Beobachter mit der beobachtenden Person identisch sein müßte.

Behält man diese Überlegungen deutlich im Blick, muß man sehr präzise fragen: »Wann beginnt ein Akt, und wann ist er vollzogen?« Tatsächlich kann niemand anders diese Frage beantworten als der Handelnde selbst. Er allein kennt die Spanne seiner Pläne und Entwürfe. Er allein ist mit deren Horizonten und somit mit jenen Elementen vertraut, die die Einheit eines Aktes konstituieren. Daher ist auch nur er in der Lage, seine eigenen Handlungssysteme in genuine »Akteinheiten« zu »zerlegen«. Auf der anderen Seite entscheidet der Beobachter nach eigenem Ermessen, ob die beobachtete Handlung als vollständig vollzogen angesehen werden soll oder als Teil einer noch im Fluß befindlichen größeren Handlungskette. Für den Beobachter ist daher die Akteinheit, deren Anfang und deren Ende, nicht mehr identisch mit der Spanne des Entwurfs des Handelnden; sie wird vielmehr durch jenes Segment der Aktivitäten definiert, das der Beobachter als Gegenstand seiner Untersuchung ausgewählt hat. Auf diese Weise gewinnt der Begriff »Akteinheit«, der an sich einen genuinen Platz innerhalb der Subjektivität hat, eine völlig andere Bedeutung, wenn er von einem objektiven Standpunkt aus interpretiert wird. Auf keinen Fall ist es möglich, von einer Akteinheit unter Zugrundelegung der Perspektive des Subjekts zu sprechen und zugleich die Meinung zu vertreten, die Grenzen dieser Einheit könnten durch den Beobachter gezogen werden.

Daraus folgt, daß die Elemente, die nach Parsons eine Akteinheit kennzeichnen, genuin subjektive Begriffe darstellen, die in erster Linie interpretierbar und verstehbar sind in der Perspektive des Handlungssubjekts. Transponiert in den Bereich der Objektivität, ändern sie radikal ihren Sinn. Diese These ist, wie ich meine, selbstevident, was den Begriff »Zweck« angeht. Nur der Handelnde kennt den wahren Zweck oder besser: das wahre Ziel seiner Handlung. Ein Beobachter kann niemals entscheiden, ob das, was er selbst für einen Zweck hält, dies auch für den Handelnden ist, oder ob es sich lediglich um ein Zwischenziel handelt und somit um ein Mittel bei der Verfolgung eines übergeordneten Ziels und im Entwurf des Handelnden auch so aufgefaßt ist. Für einen Beobachter zeigt der Begriff »Zweck« vielmehr den Zustand an, der durch einen vom Handelnden bereits vollzogenen Akt herbeigeführt wurde.

Es ist darüber hinaus leicht zu sehen, daß sich in der Perspektive des Subjekts der Begriff »Situation« auf den bereits entworfenen Handlungszweck bezieht, welcher allein die Elemente auszeichnet, die für das Erreichen des Ziels relevant sind. Faßt man die Unterscheidung zwischen den beiden Komponenten einer Situation (»Mittel« und »Bedingungen«) ins Auge, so bezieht sich die Frage, ob sie unter der Kontrolle des Handelnden sind oder nicht auf den Wissensvorrat und die Erfahrung des Handelnden zur Zeit des Entwurfs. So gesehen kann auch die Trennlinie zwischen den beiden Faktoren der »Situation«, nämlich den Mitteln und den Bedingungen, allein vom Handelnden selbst gezogen werden. Andererseits kann in objektiver (d. h. »wissenschaftlicher«) Perspektive das, was der Handelnde für ein Mittel hält, sich tatsächlich als eine Bedingung herausstellen und umgekehrt. Denn in der objektiven Perspektive sind Bedingungen jene Elemente einer Situation, über welche der Handelnde nach dem verifizierbaren Wissen anderer keine Kontrolle gehabt haben kann, gleichgültig, ob nun der Handelnde von seiner Unfähigkeit weiß oder wie hoch er die Relevanz dieser Faktoren einschätzt.

Etwas schwieriger ist es zu zeigen, daß auch der Begriff »Handelnder« sowohl in subjektiver, als auch in objektiver Perspektive interpretiert werden kann. Zwar muß man – wie Parsons es auch tut – im Begriff »Handelnder« eine Abstraktion sehen. Aber das rechtfertigt nicht den Schluß, daß der »Handelnde« dem »biologischen Individuum«, dem »lebenden Organismus« kontrastiert werden müsse. Denn auch diese Begriffe sind »Abstraktionen« von der Grundeinheit »individuelles menschliches Wesen«. Dieses Individuum wird in verschiedenen Bezugsrahmen entweder zum »Handelnden« oder zum »biologischen Individuum« ebenso wie – in theologischer Perspektive – zum »Geschöpf« oder – in juristischer Perspektive – zur »natürlichen Person«. Der funktionale Sinn all dieser die verschiedenen Wissenschaften kennzeichnenden Abstraktionen liegt darin, eine genaue Beschreibung des Aspektes der menschlichen Persönlichkeit zu gewinnen, der allein für die Grundprobleme der einzelnen Disziplinen relevant ist.

In anderer Weise abstrahiert ein Beobachter im Alltag von der Perspektive des Handlungssubjekts, so z. B. der Partner in einer Handlungssituation, ein Problem, auf das noch zurückzukommen ist. Hier sind wir an der Tatsache interessiert, daß es subjektive Korrelate gibt zu jenen Abstraktionen, die ein Wissenschaftler oder ein Handlungspartner in der sozialen Lebenswelt vornimmt. Damit ist eins der wichtigsten Probleme in der Theorie der Persönlichkeit angeschnitten: nämlich das Problem der »Rollen«, die ein Individuum in der Sozialwelt annimmt.

Mit Blick auf unser zentrales Problem des Handelns kann man sagen, daß das Ego (das später dann der »Handelnde« genannt wird) während seines Handlungsentwurfs darüber befindet, welche Aspekte seiner Persönlichkeit dabei in Tätigkeit gesetzt werden, oder – um einen Ausdruck von William James zu übernehmen – welche Formen des »Selbst« an der Handlung beteiligt sein sollen. Diese »Rolle« kann nicht zusammenfallen mit dem Begriff des »Handelnden«, den ein Beobachter bildet. Der letztere Begriff kennzeichnet eine typisierte Sozialperson, also jenen Teil eines beobachteten Ego, der sich selbst in einem vollzogenen, als typisch interpretierten Akt ausdrückt. Der erste Begriff dagegen, die vom Ego angenommene Rolle, ist ein Merkmal der Persönlichkeit, soweit die durch sie geleistete Strukturierung Ego selbst als solche erscheint. Nur Ego, das im Rückblick »Handelnder« genannt werden wird, kann die Rolle festlegen und beschreiben, die es im Vollzug einer entworfenen Handlung übernehmen wird. Nur Ego kann sagen, auf welcher mehr oder weniger zentralen Ebene seiner Persönlichkeit sie lokalisiert ist, welchen Grad von Intimität sie besitzt etc. An späterer Stelle wird sich zeigen, daß die Unterscheidung zwischen einem subjektiven und einem objektiven Begriff des »Handelnden« von größter Bedeutung ist für die Theorie der Idealtypen.[65]

Fassen wir zusammen: Es wurde gezeigt, daß der Begriff »Akteinheit« wie auch die wichtigsten ihrer von Parsons genannten Elemente sowohl in subjektiver als auch in objektiver Perspektive interpretiert werden können und daß sie dabei je verschiedene Bedeutung annehmen. Parsons hat nun klargestellt, daß für eine Theorie des sozialen Handelns allein die subjektive Perspektive in Frage kommen kann. Ich selbst messe dieser Ansicht die allergrößte Bedeutung zu. Um es zu wiederholen, meine ich aber, daß Parsons nicht wirklich die subjektiven Kategorien des Handelns analysiert, sondern objektive Kategorien für die wissenschaftliche Beschreibung der subjektiven Perspektive eines Handelnden.

Gerade weil Parsons nicht klarmacht, warum auf der einen Seite die Bezugnahme auf die subjektive Perspektive unverzichtbare Voraussetzung einer Handlungstheorie ist und warum es auf der anderen Seite dennoch möglich ist, subjektive Phänomene im Rahmen eines objektiven Begriffsschemas zu bearbeiten, ist eine weiterführende Analyse dringend erforderlich. Ich beginne mit der Untersuchung der ersten Frage und hoffe zu zeigen, daß die subjektive Perspektive nicht nur *ein mögliches* Mittel zur Beschreibung der Sozialwelt darstellt, sondern vielmehr das *einzige,* das der Realität sozialer Phänomene adäquat ist, sofern diese im Bezugsrahmen sozialen Handelns aufgefaßt werden.

5. Die subjektive Perspektive
in den Sozialwissenschaften[66]

Auf den ersten Blick ist nicht ohne weiteres zu sehen, warum in den Sozialwissenschaften die subjektive Perspektive einen solchen Vorrang genießen soll. Was veranlaßt uns, jenem etwas mysteriösen und offenbar nicht allzu interessanten Tyrannen der Sozialwissenschaften uns zuzuwenden, der da »Subjektivität« des Handelnden heißt? Warum bleiben wir nicht bei der ehrenwerten Aufgabe, in korrekten, objektiven Begriffen zu beschreiben, was wirklich geschieht, und das hieße doch, unsere eigene Sprache zu benützen, die Sprache qualifizierter und wissenschaftlich geschulter Beobachter der Sozialwelt? Und wollte jemand einwenden, daß diese Begriffe ja lediglich künstliche, nach »Lust und Laune« erfundene Konventionen sind und deshalb für eine wirkliche Einsicht in den Sinn, den soziale Akte für die jeweils Handelnden haben, unbrauchbar, bestenfalls geeignet für externe Interpretationen, so könnte man noch immer antworten, daß die alleinige Aufgabe wissenschaftlichen Denkens geradezu in der Entwicklung eines solchen Systems von Konventionen und der zuverlässigen Beschreibung der Welt *besteht;* denn wir Wissenschaftler sind nicht weniger souverän, was unsere Interpretationssysteme betrifft, als der Handelnde frei ist, seine Zielsysteme und Pläne aufzubauen. Wir könnten ferner antworten, daß besonders wir Sozialwissenschaftler lediglich dem von den Naturwissenschaften bereits beschrittenen Weg zu folgen hätten, die gerade mittels jener Methode, der wir uns nun nicht sollen anschließen dürfen, die größten Wunderwerke aller Zeiten schufen. Denn schließlich und endlich liegt das Wesen der Wissenschaft in ihrer Objektivität: Ihre Sätze sind nicht nur gültig für mich allein, auch nicht für mich und dich und einige wenige andere, sondern für jedermann; sie beziehen sich nicht auf meine exklusive Privatwelt, sondern auf die eine Lebenswelt, die uns allen gemeinsam ist. So könnte eine Antwort lauten.

Gerade der letzte Teil dieser These ist zweifelsfrei richtig. Aber man kann sich natürlich auch noch eine andere Grundposition denken, derzufolge die Sozialwissenschaften dem Muster der Naturwissenschaften und ihren Methoden zu folgen hätten. In seiner logischen Konsequenz führt dieser Standpunkt zum Behaviorismus. Dessen ernsthafte Kritik ginge weit über die Möglichkeiten dieser Untersuchung hinaus. So beschränke ich mich auf die Anmerkung, daß der strikte Behaviorismus mit der Grundannahme steht und fällt, es sei ganz unmöglich, für die Vernunft des Menschen einen gültigen Beweis zu erbringen. Zwar sei es recht wahrscheinlich, daß er ein vernünftiges Wesen ist; dabei handele es sich aber um ein »weiches Datum«, das der Verifikation nicht zugänglich sei.[67]

Auf dieser Basis ist es aber immerhin kaum einzusehen, warum ein solch vernünftiges Individuum für andere Bücher schreiben oder gar andere auf Kongressen treffen sollte, nur um sich dort gegenseitig zu beweisen, daß die Verstehensfähigkeit der anderen eine höchst fragwürdige Sache ist. Noch viel weniger verständlich ist aber, warum dieselben Autoren, denen allen der Glaube an die Unbeweisbarkeit der menschlichen Vernunft gemeinsam ist, so augenscheinlich ihre ganze Hoffnung auf das Prinzip der Verifizierbarkeit setzen, das ja doch gar nicht anders zu realisieren ist, als durch Kooperation mit anderen und gegenseitige Kontrolle. Überdies scheinen sie in keiner Weise irritiert durch eine Reihe ihrer eigenen Dogmen: daß es nämlich Sprache gibt, daß Gesprächsreaktionen und verbale Berichte mit Recht zu den Methoden einer behavioristischen Psychologie[68] zählen, daß in einer gegebenen Sprache formulierte Aussagen auch sinnvoll sind; denn nicht bedacht wird offenbar, daß Sprache, Rede, verbaler Bericht, Aussage, Sinn immer schon vernünftige *alter egos* voraussetzen, die in der Lage sind, die Sprache zu verstehen, eine Aussage zu interpretieren und einen Sinn zu bestätigen. Die Phänomene des Verstehens und Interpretierens können nun aber nicht ihrerseits als reines Verhalten aufgefaßt werden, will man sich nicht in den Begriff des »covert behavior« flüchten, der den Bezugsrahmen des Behaviorismus sprengt.[69]

Diese wenigen kritischen Bemerkungen führen aber noch nicht ins Zentrum unseres Problems. Wie jeder andere objektive Bezugsrahmen in den Sozialwissenschaften hat auch der Behaviorismus zu seinem Hauptzweck, mit wissenschaftlich korrekten Methoden zu erklären, was wirklich in der Sozialwelt unseres Alltagslebens geschieht. Natürlich ist es weder Ziel noch Zweck irgendeiner wissenschaftlichen Theorie, eine fiktive Welt zu entwerfen und zu beschreiben, die keinerlei Bezug zu unserer Alltagserfahrung hat und deshalb für uns ohne jedes praktische Interesse ist. So hatten auch die Gründer des Behaviorismus kein anderes Ziel im Auge, als reale menschliche Handlungen in einer realen

menschlichen Welt zu beschreiben und zu erklären. Der Trug-
schluß ihrer Theorie besteht aber darin, daß sie die soziale Realität
durch eine fiktive Welt substituieren, indem sie die Brauchbarkeit
methodischer Prinzipien für die Sozialwissenschaften propagieren,
die zwar in anderen Bereichen sich als erfolgreich erwiesen hatten,
für das Problem der Intersubjektivität sich aber als ungeeignet her-
ausstellten. Aber der Behaviorismus ist nur eine unter anderen
Formen des Objektivismus in den Sozialwissenschaften, wenn
auch deren radikalste. Aber wer heute die Sozialwelt untersucht,
sieht sich keineswegs jener unerbittlichen Alternative gegenüber,
entweder im striktesten Sinne die Perspektive des Handelnden an-
zunehmen und deshalb dessen Motive und Bewußtseinsvorgänge
zu studieren oder sich auf die Beschreibung des äußeren Verhaltens
zu beschränken und so den Glauben der Behavioristen zu übernehmen, daß das Bewußtsein des anderen unzugänglich und seine
Vernunft nicht verifizierbar sei. Vielmehr ist eine Grundeinstel-
lung möglich – wie sie ja auch von zahlreichen, höchst erfolgreichen Sozialwissenschaftlern eingenommen wird –, welche die
Sozialwelt mit all ihren alter egos und Institutionen als ein sinnvolles Universum hinnimmt, d. h. sinnvoll für den Beobachter. Dessen einzige wissenschaftliche Aufgabe besteht dann darin, seine
und seiner Kollegen Erfahrungen dieses Universums zu beschreiben und zu erklären.

Diese Sozialwissenschaftler räumen durchaus ein, daß solche
Phänomene wie Nation, Regierung, Markt, Preis, Religion, Kunst
oder Wissenschaft sich auf Handlungen anderer vernünftiger
menschlicher Wesen beziehen und für diese die Welt ihres Sozial-
lebens konstituieren. Und ebenso räumen sie ein, daß *alter egos*
durch ihr Handeln diese Welt geschaffen haben und ihr zukünfti-
ges Handeln an ihrer Existenz ausrichten. Trotzdem tun sie so, als
wären wir nicht verpflichtet, auf die subjektiven Handlungen dieser *alter egos* und deren Korrelate in ihrem Bewußtsein zurückzu-
gehen, wenn wir die Tatsachen dieser Sozialwelt beschreiben und
erklären wollen. Sie meinen, Sozialwissenschaftler könnten und
sollten sich darauf beschränken zu beschreiben, was diese Welt für
sie selbst bedeutet, ohne sich darum zu kümmern, was sie für die
Handelnden in der Sozialwelt bedeutet.

Es genüge vielmehr, die Daten über die Sozialwelt in verläßlicher
Form so zusammenzutragen, wie unsere wissenschaftliche Erfahrung sie darbietet; es genüge, diese Daten zu beschreiben und zu

analysieren; es genüge, sie unter geeigneten Kategorien zusammenzufassen und die auf diese Weise sich ergebenden Regelmäßigkeiten der Struktur und der Entwicklung zu untersuchen; indem wir so hinter die Grundprinzipien und analytischen Gesetze der Sozialwelt kämen, ergäbe sich schließlich das System der Sozialwissenschaften. Wäre das erst einmal erreicht, so könnten die Sozialwissenschaften die Analyse der Subjektivität getrost den Psychologen überlassen oder den Philosophen, Metaphysikern oder wie immer man das eitle Geschäft derjenigen nennen mag, die sich um derlei Probleme kümmern möchten. Ein Vertreter dieser Position könnte sogar die Frage stellen, ob nicht gerade dies das wissenschaftliche Ideal der entwickeltesten Sozialwissenschaften darstellt. Man schaue doch nur auf die moderne Nationalökonomie! Die eindrucksvollen Erfolge dieser Wissenschaft gehen genau auf die Entscheidung ihrer führenden Köpfe zurück, Kurven von Angebot und Nachfrage zu untersuchen sowie Gleichungen von Preisen und Kosten zu diskutieren, anstatt sich der letztlich doch vergeblichen Mühe zu unterziehen, das geheimnisvolle Dickicht subjektiver Wünsche und Werte zu durchdringen.

Eine solche Position ist natürlich nicht nur abstrakt möglich, vielmehr gehen die meisten Sozialwissenschaftler von ihr tatsächlich aus. Und zweifellos kann auch auf einer bestimmten Ebene gültige wissenschaftliche Arbeit geleistet werden, ohne sich auf das Problem der Subjektivität einzulassen. Man kommt auch in der Analyse sozialer Phänomene, wie etwa Institutionen aller Art, sozialer Beziehungen, auch sozialer Gruppen, ein gutes Stück voran, ohne daß es nötig wäre, den grundsätzlichen Bezugsrahmen zu verlassen, den man etwa wie folgt formulieren könnte: Was bedeutet dies alles für uns, die wissenschaftlichen Beobachter? Wir können für diese Zwecke ein ausgeklügeltes System von Abstraktionen entwickeln und anwenden, das ganz bewußt den Handelnden in der Sozialwelt ausklammert mit all seinen subjektiven Perspektiven, und wir können dies tun, ohne mit den Erfahrungen von der sozialen Wirklichkeit in Widerspruch zu geraten. Meister dieser Technik – sie sind recht zahlreich auf allen Gebieten der Sozialforschung – werden sich also hüten, den Boden zu verlassen, auf dem diese Technik angewendet werden kann, und ihre Untersuchungsprobleme entsprechend eingrenzen.

Dies alles ändert aber nichts an der Tatsache, daß dieser Typ der Sozialwissenschaften sich nicht direkt und unmittelbar mit der

Alltagswelt befaßt, wie sie uns allen gemeinsam ist, sondern mit geschickt und informiert ausgewählten Idealisierungen und Formalisierungen der Sozialwelt, soweit diese nur nicht mit deren Tatsachen in Widerspruch stehen. Auch auf anderen Abstraktionsebenen, wenn das ursprünglich betrachtete Problem sich ändert, nimmt dieser Wissenschaftstyp keinen Bezug auf die subjektive Perspektive. Dann aber – und das ist hier ein wichtiger Gesichtspunkt – *kann* und sollte dieser Bezug auf die subjektive Perspektive immer genommen werden. Da die Sozialwelt, unter welchem Aspekt auch immer betrachtet, ein sehr komplizierter Kosmos menschlicher Aktivität bleibt, können wir immer auf den »vergessenen Menschen« der Sozialwissenschaft zurückgehen, zu dem in der Sozialwelt Handelnden, dessen Tun und Fühlen dem ganzen System zugrunde liegt. Dann versuchen wir, ihn in seinem Tun und Fühlen zu verstehen und seinen Bewußtseinszustand zu erfassen, der ihn dazu brachte, bestimmte Einstellungen seiner sozialen Umwelt gegenüber auszubilden.

In diesem Fall setzt die Antwort auf unsere Frage: »Was bedeutet diese Sozialwelt für mich, den Beobachter?« die Antwort auf eine ganz andere Frage voraus: »Was bedeutet diese Sozialwelt für den beobachteten Handelnden in der Sozialwelt, welchen Sinn verbindet er mit seinem Handeln?« Bei solchen Fragen nehmen wir die Sozialwelt mit ihren gebräuchlichen Idealisierungen und Formalisierungen nicht länger naiv als abgeschlossenes und zweifelsfrei sinnvolles Etwas hin, sondern untersuchen den Idealisierungs- und Formalisierungsprozeß als solchen, eben die Genese des Sinnes, den soziale Phänomene für uns so gut wie für die Handelnden haben, die Mechanismen der Handlungen, mit deren Hilfe Menschen sich und andere verstehen. Wir sind immer frei und manchmal verpflichtet, so zu verfahren.

6. Typen und Realität (Hrsg.)

Die Möglichkeit, die Sozialwelt unter verschiedenen Gesichtspunkten zu untersuchen, unterstreicht Znanieckis Ansatz, den wir bereits erwähnt haben. Danach kann jedes soziale Phänomen im Bezugsrahmen sozialer Beziehungen oder sozialer Gruppen (wir können hinzufügen: dem sozialer Institutionen) analysiert werden; aber mit gleichem Recht können wir auch ein Schema sozialen Handelns oder sozialer Personalität verwenden. Die erste Gruppe der Bezugsrahmen ist die objektive; solche Schemata leisten gute Dienste, wenn sie ausschließlich auf Probleme angewendet werden, die zum Bereich objektiver Phänomene gehören, für deren Erklärung ihre spezifischen Idealisierungen und Formalisierungen entworfen worden sind, immer unter der Voraussetzung, daß sie keine Inkonsistenzen und keine Elemente enthalten, die mit subjektiven Schemata oder unserer Alltagserfahrung der Sozialwelt in Widerspruch stehen. *Mutatis mutandis* gilt die gleiche These auch für die subjektiven Schemata.[70]

Mit anderen Worten entscheidet der wissenschaftliche Beobachter, ob er die Sozialwelt im objektiven oder im subjektiven Bezugsrahmen untersuchen will. Ist diese Entscheidung gefallen, so ist damit von Anfang an jener Ausschnitt der Sozialwelt (oder zumindest der Aspekt eines solchen Ausschnittes) festgelegt, der überhaupt einer Untersuchung zugänglich ist. Deshalb muß die Grundforderung jeder sozialwissenschaftlichen Methodologie diese sein: Wähle das Bezugsschema, das dem dich interessierenden Problem angemessen ist, beachte seine Grenzen und Möglichkeiten, sorge für die Konsistenz seiner Begriffe und bleibe bei dem einmal gewählten Schema! Wirst Du im Verlauf deiner Arbeit aufgrund der Verästelung deines Problems dazu gebracht, den Bezugs- und Interpretationsrahmen zu wechseln, vergiß nicht, daß mit dem Schemawechsel alle bisher benutzten Begriffe notwendig ihre Bedeutung ändern. Um die Konsistenz deines Denkens zu sichern, mußt du darauf achten, daß das spezifische »Subskript« aller verwendeten Begriffe dasselbe bleibt.

Darin liegt der eigentliche Sinn des oft mißverstandenen Postulats der »Reinheit der Methode«. Dem Postulat zu folgen, ist schwerer, als es scheint. Die meisten Trugschlüsse in den Sozialwissenschaften kann man auf die Vermengung subjektiver mit objektiver Perspektiven zurückführen, die sich, vom Wissenschaftler unbemerkt, einschleicht, wenn die Untersuchung von einer Ebene zur nächsten fortschreitet. In dieser Vermischung subjektiver und objektiver Gesichtspunkte liegen die Gefahren bei der konkreten sozialwissenschaftlichen Arbeit. Eine Theorie sozialen Handelns aber muß an der subjektiven Perspektive mit aller Strenge festhalten, will sie nicht ihre fundamentale Basis verlieren, nämlich: ihren Bezug zur Sozialwelt der alltäglichen Erfahrung. Das Festhalten an der subjektiven Perspektive ist die einzige, freilich auch hinreichende Garantie dafür, daß sie soziale Wirklichkeit nicht durch eine fiktive, nicht existierende Welt ersetzt wird, die irgendein wissenschaftlicher Beobachter konstruiert hat.

Um diese Frage einer Klärung näher zu bringen, wollen wir einen Augenblick vergessen, daß wir Sozialwissenschaftler sind, die die Sozialwelt aus der Distanz betrachten. Wir wollen sehen, wie ein jeder von uns die uns allen gemeinsame Sozialwelt interpretiert, in der er wie seine Mitmenschen lebt und handelt, eine Welt, die er als Feld seiner möglichen Handlungen und Orientierungen auffaßt, die sich für ihn um seine Person im Rahmen seiner besonderen Planungs- und Relevanzschemata strukturiert; wir bleiben uns dabei bewußt, daß die gleiche Welt ebenso das Feld möglicher Handlungen anderer Menschen ist, die in deren Perspektive in analoger Weise für sie organisiert ist.

Diese Welt ist immer bereits von Beginn an als eine geordnete gegeben. Ich wurde sozusagen in diese geordnete Sozialwelt hineingeboren und bin in ihr aufgewachsen. Durch Lernen und Erziehung, durch allerlei Erfahrungen und Experimente erwerbe ich ein gewisses, noch unsicheres Wissen von dieser Welt und ihren Institutionen. In erster Linie bin ich an den Objekten dieser Welt insoweit interessiert, als sie meine eigenen Orientierungen bestimmen, als sie die Realisierung meiner eigenen Pläne hindern oder fördern, als sie Elemente meiner Lebenssituation darstellen, die ich akzeptieren oder verändern muß, als sie Ursache meines Glücks oder Unglücks sind – mit einem Wort: insoweit sie irgend etwas für mich bedeuten. Diese Bedeutsamkeit für mich impliziert, daß ich mich mit dem puren Wissen von der Existenz dieser Objekte nicht zufrieden geben kann; vielmehr muß ich sie verstehen, und das heißt, ich muß sie interpretieren können als möglicherweise relevante Elemente für mögliche Handlungen oder Reaktionen, die ich im Rahmen meiner Lebenspläne ausführen könnte.

Aber von Beginn an geschieht diese Orientierung durch Verstehen in der Kooperation mit anderen Menschen: Diese Welt hat nicht nur für mich Sinn, sondern auch für dich und jedermann. Meine Erfahrung der Welt rechtfertigt und korrigiert sich selbst durch die Erfahrung anderer, mit denen ich durch gemeinsames Wissen, gemeinsame Arbeit und gemeinsames Leid verbunden bin. Die Welt, interpretiert als mögliches Handlungsfeld für uns alle: dies ist das erste und einfachste Prinzip, nach dem mein Wissen von der externen Welt im allgemeinen geordnet ist. Erst später unterscheide ich zwischen *natürlichen Dingen*, die man als Dinge definieren kann, die mir und jedermann wesentlich so, wie sie sind, gegeben sind, ganz unabhängig von menschlichen Handlungen und Eingriffen und *sozialen Dingen* andererseits, die nur als Produkte menschlichen Handelns verstanden werden können, meines eigenen Handelns oder des Handelns anderer.[71]

Hinsichtlich der *natürlichen Dinge* beschränkt sich mein »Verstehen« auf die Einsicht in ihre Existenz, ihre Variationen und Entwicklungen, soweit die Elemente mit allen meinen Erfahrungen und denen der anderen in der natürlichen Welt sowie den Grundannahmen über die Struktur dieser Welt in Einklang stehen, wie wir sie durch allgemeine Übereinkunft akzeptieren. Innerhalb dieser Grenzen ist eine Voraussage (wenngleich nur als Wahrscheinlichkeit) für uns alle möglich. In meinen Augen und in den Augen aller ist dieses Ding hier ein wilder Apfelbaum. Das heißt, daß er im Frühling Blüten tragen wird, Blätter im Sommer, im Herbst Früchte und im Winter kahl sein wird. Wollen wir eine bessere Aussicht haben, können wir auf ihn hinaufklettern. Wollen wir uns im Sommer ausruhen, können wir in seinem Schatten rasten. Sind wir im Herbst hungrig, können wir von seinen Früchten essen. Alle diese Möglichkeiten sind von menschlichem Einwirken ganz unabhängig; der Zyklus der natürlichen Ereignisse läuft ohne unseren Eingriff ab.[72]

Es bleibt jedermann unbenommen, dieses geordnete Wissen über natürliche Tatsachen ein »Verstehen« zu nennen. Gebraucht man aber den Begriff »Verstehen« in diesem weiten Sinne, so meint er nichts anderes als die Reduzierbarkeit von bekannten und geprüften Tatsachen auf andere bekannte und geprüfte Tatsachen. Wenn ich einen Experten der Pflanzenphysiologie befrage, was sich tatsächlich hinter dem erwähnten vegetativen Zyklus verbirgt, wird er mich auf die Chlorophyll-Chemie oder die morphologische Struktur der Zellen verweisen. Kurzum: er wird mir die Tatsachen dadurch »erklären«, daß er sie auf andere zurückführt, die von größerer Allgemeinheit sind und in einem breiteren Rahmen geprüft wurden.

Sozialen Dingen ist aber, wenn dieser Begriff auch menschliches Handeln umfaßt, eine ganz andere Art des »Verstehens« eigentümlich. In diesem Fall ist es nicht hinreichend, die fragliche Tatsache auf andere Tatsachen oder Dinge zurückzuführen. Ich kann Soziales nicht verstehen, ohne es mit einem Handeln in Zusammenhang zu bringen, das es hervorgebracht hat und letztlich, ohne dieses Handeln auf die Motive zurückzuführen, aus denen es entsprang. Ich verstehe kein Werkzeug, ohne zu wissen, wozu es dient, kein Zeichen oder Symbol, ohne zu wissen, für was es steht, keine Institution, solange ich mit ihren Zielen nicht vertraut bin, kein Kunstwerk, wenn ich die Absichten des Künstlers außer acht lasse.

Insbesondere kann ich die Handlungen anderer Menschen nicht verstehen, ohne die Um-zu- oder Weil-Motive dieser Handlungen zu kennen. Natürlich gibt es vielfältige Grade des Verstehens. Es ist nicht nötig (oft sogar nicht möglich), daß ich sämtliche Motivverästelungen des anderen erfasse, mit ihren Horizonten individueller Lebenspläne, ihrem Hintergrund individueller Erlebnisse und Erfahrungen, ihren Bezügen auf einzigartige Situationen, von denen sie bestimmt werden. Wie schon erwähnt, würde ein solch ideales Verstehen die volle Identität meines Bewußtseinsstromes mit dem *alter ego* voraussetzen, d. h. die Identität des Selbst beider. Es genügt daher, daß ich in der Lage bin, die Handlung des anderen auf ihre typischen Motive zurückzuführen, einschließlich ihrer Bezüge zu typischen Situationen, typischen Zwecken, typischen Mitteln etc. Andererseits gibt es auch verschiedene Grade meines Wissens über den Handelnden selbst, Grade der Intimität und Anonymität. Ich kann das Produkt menschlicher Aktivität auf das Handeln eines *alter ego* zurückführen, der gerade vor mir steht. Dieses andere Individuum kann nun aber einerseits einer meiner intimen Freunde oder andererseits ein völlig Fremder sein, den ich zum ersten Mal getroffen habe und nie wiedersehen werde. Es ist noch nicht einmal notwendig, daß ich einen Handelnden persönlich getroffen haben muß, um einen Zugang zu seinen Motiven zu haben. Ich kann z. B. die Handlungen eines ausländischen Politikers verstehen und seine Motive diskutieren, ohne ihn je getroffen oder auch nur ein Bild von ihm gesehen zu haben. Das gleiche gilt für Menschen, die lange vor meiner Zeit gelebt haben. Ich vermag die Handlungen und Motive Caesars genauso zu verstehen wie die eines Höhlenmenschen, von dessen Existenz wir kein anderes Zeugnis haben als eine Steinaxt, die wir in einem Museum ausgestellt finden.

Es ist aber noch nicht einmal notwendig, menschliche Handlungen mit einem *bestimmten* Handelnden in Verbindung zu bringen. Um sie zu verstehen, genügt es, typische Motive eines typischen Akteurs zu finden, die die Handlung als typische zu erklären vermögen, wie sie aus typischen Situationen hervorgeht. Es gibt bestimmte Gleichförmigkeiten in den Handlungen und Motiven von Priestern, Soldaten, Dienern, Bauern, zu allen Zeiten und überall. Es gibt sogar Handlungen von solch allgemeiner Geltung, daß es genügt, sie auf typische Motive von »irgend jemand« zu beziehen, um sie verständlich zu machen.

All dies muß als wesentlicher Teil der Theorie sozialen Handelns sorgfältig untersucht werden.[73] Zusammenfassend kommen wir zu dem Schluß, daß soziale Gegenstände nur dadurch verständlich werden, daß wir sie auf menschliches Handeln beziehen; und dies kann wiederum nur dadurch verständlich gemacht werden, daß wir seine Um-zu- oder Weil-Motive aufzeigen. Das hat seinen tieferen Grund darin, daß ich, der ich naiv in der Sozialwelt lebe, die Handlungen der anderen nur dann verstehen kann, wenn ich mir vorzustellen vermag, daß ich in der gleichen Situation analoge Handlungen vollziehen würde, geleitet durch die gleichen Weil-Motive, bzw. orientiert an den gleichen Um-zu-Motiven, wenn man Analogie und Gleichheit hier im bereits beschriebenen Sinne als jeweils »typische« begreift.

Daß diese Behauptung zutrifft, kann leicht gezeigt werden anhand einer Analyse sozialen Handelns im genauen Wortsinn, also von Handeln, das Einstellungen und Handlungen anderer einschließt und in seinem Verlauf an ihnen orientiert ist.[74] Denn bis jetzt haben wir uns nur mit Handeln als solchem beschäftigt, ohne die Modifikation in Betracht zu ziehen, die an dem allgemeinen Schema vorgenommen werden müssen, wenn bestimmte soziale Elemente miteinbezogen werden, wie wechselseitige Beziehungen und gegenseitige Anpassungen. Das heißt, wir haben die Einstellung eines isolierten Handelnden betrachtet, gleichgültig, ob er ein Werkzeug handhabt oder mit und für andere handelt, ob er von anderen motiviert wurde oder seinerseits sie motiviert.[75]

Die Untersuchung dieser Frage ist äußerst schwierig, und wir müssen uns hier darauf beschränken, sie in groben Zügen zu skizzieren. Man kann zeigen, daß alle sozialen Beziehungen, die ich als ein Wesen, das naiv in der um mich zentrierten Sozialwelt lebt, verstehe, ihren Prototyp in der Beziehung zwischen mir und einem individuellen *alter ego* haben, mit dem ich Raum und Zeit teile. Mein sozialer Akt ist also nicht nur an der physischen Existenz des *alter ego* orientiert, sondern auch an den Handlungen des Anderen, die ich durch mein eigenes Handeln hervorzurufen hoffe. Man kann daher sagen, daß die Reaktion des Anderen das Um-zu-Motiv meines eigenen Handelns ist. Der Prototyp jeder sozialen Beziehung ist also eine intersubjektive Motivkette. Wenn ich beim Entwerfen meiner Handlung mir vorstelle, daß du mein Handeln verstehen wirst und daß dieses Verständnis dich dazu bringen wird, in bestimmter Weise zu reagieren, dann unterstelle ich, daß das Um-zu-Motiv meines Handelns zum Weil-Motiv deiner Reaktion werden wird und umgekehrt.

Nehmen wir ein sehr einfaches Beispiel: Ich stelle dir eine Frage. Das Um-zu-Motiv meines Fragens liegt nicht nur in der Erwartung, daß du meine Frage verstehst, sondern darin, deine Antwort zu bekommen. Genauer: ich rechne damit, *daß* du antworten wirst, nicht aber mit einem bestimmten Inhalt der Antwort. Im Entwurf meines eigenen Handelns antizipiere ich *modo futuri exacti*, daß du mir so oder so eine Antwort gegeben haben wirst, d. h. ich unterstelle, daß mit vernünftiger Wahrscheinlichkeit das Verständnis auf seiten des Anderen diesen motivieren wird, mir erwartungsgemäß zu antworten. So kann man sagen, daß die Frage das Weil-Motiv der Antwort bildet, die Antwort dagegen das Um-zu-Motiv der Ausgangsfrage. Diese Verknüpfung zwischen deinen und meinen Motiven gehört zu meiner gesicherten Erfahrung, wenngleich ich vielleicht niemals über ein explizites Wissen von ihren komplizierten inneren Mechanismen verfüge. Aber in unzähligen Gelegenheiten fühlte ich mich gehalten, auf das Handeln eines Anderen, das ich als an mich gerichtete Frage interpretierte, mit einem Verhalten zu reagieren, dessen Um-zu-Motiv meine Erwartung war, der Fragende werde mein Verhalten als Antwort auffassen. Darüber hinaus weiß ich, daß ich häufig andere Leute durch mein eigenes Fragehandeln zu Antworten veranlaßt habe usw. Deshalb meine ich, eine faire Chance auf deine Antwort zu haben, wenn ich meine Fragehandlung erst einmal vollzogen haben werde.

Diese kurze und überdies unvollständige Analyse eines eher trivialen Beispiels zeigt die großen Schwierigkeiten, denen wir beim Problem des sozialen Handels gegenüberstehen; sie vermittelt zugleich eine Vorstellung von den Dimensionen des Problemfeldes, das eine Handlungstheorie, die diesen Namen verdient, ausmessen muß. Wir können hier nicht näher auf diese Frage eingehen, aber aus unserem Beispiel sollten doch einige Schlußfolgerungen über die subjektive Perspektive und ihre Bedeutung für den Handelnden in der Sozialwelt gezogen werden.

Die Sozialwelt, in der ich in mannigfachen Beziehungen mit Anderen verbunden lebe, ist für mich etwas, das ich als sinnvoll auffasse. Sie ist für mich sinnvoll, und zugleich bin ich sicher, daß sie es auch für Andere ist. Des weiteren nehme ich an, daß meine an Anderen orientierten Handlungen von diesen in ähnlicher Weise verstanden werden, wie ich die an mir orientierten Handlungen der Anderen verstehe. Ich setze mehr oder weniger naiv die Existenz eines für meine und fremde Akte gemeinsamen Bezugsschemas voraus. Insbesondere bin ich nicht am äußeren Verhalten des Anderen interessiert, nicht an seinen Gesten und nicht an seinen Körperbewegungen, sondern an seinen Intentionen, d. h. ich interessiere mich für die Um-zu-Motive, um deretwillen der Andere handelt und für die Weil-Motive, die seinen Akten zugrunde liegen.

In der Überzeugung, daß der Andere mit seinem Handeln etwas ausdrücken will oder daß seine Handlungen einen bestimmten Platz in gemeinsamen Bezugsrahmen haben, versuche ich den Sinn der in Frage stehenden Handlung zu erfassen, insbesondere den er für den handelnden Anderen hat; und bis zum Beweis des Gegenteils unterstelle ich dabei, daß der Sinn, den der handelnde Andere damit verbindet, dem korrespondiert, den sie für mich hat. Da ich mein eigenes soziales Handeln an den Weil-Motiven ausrichten muß, die zu den Akten eines an meiner Person orientierten Handelnden gehören, muß ich auch immer ihre Um-zu-Motive herausfinden und das Netz sozialer Beziehungen zutreffend entwirren. Dies tue ich, indem ich die Handlungen des Anderen in dessen subjektiver Perspektive interpretiere. Darin liegt der große Unterschied zwischen der Einstellung eines Menschen, der als engagierter Interessent an vielfältigen Sozialbeziehungen teilhat einerseits und der des reinen Beobachters, der am Ergebnis einer Sozialsituation kein Interesse nimmt, weil er an ihr nicht teilnimmt, sondern sie nur mit distanziertem Bewußtsein studiert.

Aber es gibt noch einen weiteren Grund dafür, daß naiv in der Sozialwelt lebende Menschen versuchen, der Motive ihrer Mitmenschen habhaft zu werden. Denn bei Motiven handelt es sich niemals um einzelne isolierte Elemente; sie gehören vielmehr immer zu großen, konsistenten Systemen mit hierarchischen Ordnungen. Wenn ich nur eine genügend große Zahl von Elementen eines solchen Systems erfaßt habe, kann ich mit vernünftiger

Wahrscheinlichkeit auf die noch »leeren« Positionen des Systems schließen. Dabei stütze ich mich auf die innere Logik eines solchen Motivsystems, die mich in die Lage versetzt, auf seine verborgen gebliebenen Teile zu schließen – und mit großer Wahrscheinlichkeit werden sich meine Schlüsse als richtig erweisen. Aber natürlich setzt all dies eine Interpretation in der Perspektive des handelnden Subjekts voraus, d. h. die Antwort auf die Frage:

»Was bedeutet dies alles für den Handelnden?«

Wir alle übernehmen diese praktische Einstellung, wenn wir nicht nur eine soziale Situation, die uns nicht berührt, beobachten, sondern in ihr handeln und reagieren. Und das ist genau der Grund dafür, daß auch die Sozialwissenschaften auf die subjektive Perspektive angewiesen sind. Nur dieses methodologische Prinzip allein gibt uns die notwendige Garantie dafür, daß wir es tatsächlich mit der wirklichen, uns allen gemeinsamen sozialen Lebenswelt zu tun haben, die auch als Objekt der theoretischen Forschung ein System reziproker sozialer Beziehungen bleibt.

7. Soziales Leben und sozialwissenschaftliche Theorie

Wenn nun aber das Prinzip der subjektiven Perspektive in den Sozialwissenschaften gelten soll, erhebt sich natürlich die Frage, wie es möglich ist, mit solch subjektiven Phänomenen wissenschaftlich zu verfahren – und das heißt auch: mittels objektiver Begriffe? Die größte Schwierigkeit liegt zunächst einmal in der besonderen Einstellung, die der wissenschaftliche Beobachter der Sozialwelt gegenüber einnimmt. Als Wissenschaftler – also nicht als Mensch unter Menschen, der er natürlich auch ist – ist er kein Teilnehmer der in Frage stehenden Beziehungen. Er partizipiert nicht am lebenden Strom der wechselseitigen Bewährung von Um-zu-Motiven seines eigenen Handelns durch die Reaktionen der anderen und umgekehrt. Streng genommen handelt der Sozialwissenschaftler als reiner Beobachter der Sozialwelt nicht. Soweit er »wissenschaftlich handelt« (Aufsätze publiziert, mit anderen Probleme diskutiert, lehrt), handelt er *innerhalb* der Sozialwelt; er handelt als Mensch unter Menschen, der sich mit Wissenschaft befaßt, aber dabei leitet ihn nicht mehr die spezifische Einstellung des wissenschaftlichen Beobachters. Denn diese Einstellung ist dadurch charakterisiert, daß sie in vollständiger Abgeschlossenheit wirksam wird. Um Sozialwissenschaftler zu werden, muß der Beobachter sich entschließen, die Sozialwelt zu verlassen, jedes praktische Interesse an ihr abzustreifen und seine Um-zu-Motive auf die ehrliche Beschreibung und Erklärung der beobachteten Sozialwelt zu beschränken.

Aber wie kann das geschehen? Da ein Beobachter nicht in der Lage ist, direkt mit den in der Sozialwelt Handelnden zu kommunizieren, kann er sich auch nicht die Daten direkt bestätigen, die er aus verschiedenen, ihm in der Sozialwelt zugänglichen Quellen über die Handelnden erhalten hat. Aber er verfügt selbst als Mensch unter Menschen natürlich über unmittelbare Erfahrungen der Sozialwelt.

Auf deren Grundlage kann er Fragebogen verschicken, Augenzeugen hören, Tests konstruieren. Auf diese und andere Weise sammelt er seine Daten, die er später nutzen wird, wenn er sich in die Einsamkeit des Theoretikers zurückgezogen hat. Seine theoretische Arbeit beginnt aber mit dem Aufbau eines Begriffsschemas, in das seine Informationen von der Sozialwelt eingeordnet werden können.

Eine der herausragenden Leistungen der modernen Sozialwissenschaft besteht darin, die Mittel beschrieben zu haben, mit denen Sozialwissenschaftler solche Begriffsschemata entwickeln. Und es ist das unschätzbare Verdienst der vier von Parsons in der *Structure of Social Action* analysierten sozialwissenschaftlichen Meister, vor allem aber Max Webers, diese Technik in ihrer Fülle und großen Klarheit ausgebildet zu haben. Sie besteht im wesentlichen darin, daß der Sozialwissenschaftler die realen Menschen, die er als Handelnde in der Sozialwelt beobachtet, durch Puppen ersetzt, die er selbst geschaffen hat, m. a. W. daß er idealtypische Handelnde konstruiert. Dies geschieht auf die folgende Weise.

Der Wissenschaftler beobachtet bestimmte Ereignisse innerhalb der Sozialwelt, die durch menschliches Handeln verursacht sind, und beginnt, den Typus dieser Ereignisse herauszuarbeiten. Sodann werden diese typischen Handlungen mit typischen Weil- bzw. Um-Zu-Motiven verknüpft, die im Bewußtsein des imaginären Handelnden als invariabel angenommen werden. So konstruiert der Wissenschaftler einen personalen Idealtyp, das Modell eines Handelnden, das er sich mit Bewußtsein begabt vorstellt. Aber dieses Bewußtsein ist in seinem Inhalt allein auf jene Elemente beschränkt, die für die Ausführung der fraglichen typischen Handlungen unentbehrlich sind. Es enthält all diese Elemente vollständig, aber darüber hinaus nichts. Der Wissenschaftler schreibt dem Modell nun konstante Um-zu-Motive zu, die den Zielen entsprechen, die durch die fraglichen Handlungen in der Sozialwelt realisiert werden; weiterhin unterstellt er solche konstante Weil-Motive, die als Basis für das unterstellte System konstanter Um-zu-Motive dienen können; schließlich versieht er den Idealtyp mit solchen Elementen eines Lebensplans und solchen Erfahrungsvorräten, wie sie für die imaginären Horizonte und Hintergründe der handelnden Puppe notwendig sind. Diese konstruierten Typen werden sodann in eine Umgebung eingefügt, die alle Elemente der realen Lebenssituation enthält, die für die Durchführung der fraglichen typischen Handlung relevant sind. Und endlich gibt der Wissenschaftler diesem ersten Idealtyp weitere personale Idealtypen hinzu, die mit solchen Motiven ausgestattet sind, so daß sie auf typische Handlungen des ersten Typs auf entsprechend typische Weise reagieren können.

Auf diese Weise gelangt der Sozialwissenschaftler zu einem Modell der Sozialwelt oder besser: zu einer Rekonstruktion. Sie enthält alle für das soziale Ereignis relevanten Elemente, das vom Wissenschaftler für die weitere Analyse ausgewählt wurde. Damit verfügt er über ein Modell, das der postulierten subjektiven Perspektive völlig entspricht. Denn von Beginn an wurde der Puppen-Typus so vorgestellt, als hätte er das gleiche spezifische Situationswissen – einschließlich der Mittel und Bedingungen –, über das auch ein wirklich Handelnder in der realen Sozialwelt verfügen würde. Von Beginn an wurden die subjektiven Motive eines wirklich Handelnden, der einen typischen Akt ausführt, als konstante Elemente ins imaginäre Bewußtsein des personalen Idealtyps übernommen. Es ist die Aufgabe des personalen Typus, die Rolle zu übernehmen, die ein Handelnder in der Sozialwelt zu spielen hätte, um eine typische Handlung auszuführen. Da der Typus so konstruiert wurde, daß er ausschließlich typische Handlungen vollzieht, fallen bei der Bildung von Akteinheiten objektive und subjektive Elemente zusammen.

Andererseits sind die Typenbildung, die Auswahl typischer Ereignisse und die als typisch angesehenen Elemente sämtlich begriffliche Konstruktionen, die in objektiver Weise diskutiert werden können und der Kritik und Bewährung offen stehen. Sie werden von dem Sozialwissenschaftler nicht zufällig und nicht ohne sorgfältige Prüfung und Beachtung einschlägiger Regeln gebildet. Die Gesetze ihrer Bildung sind sehr streng, und der Willkürspielraum des Sozialwissenschaftlers ist sehr viel enger, als man zunächst glauben möchte. Dieser Frage können wir hier nicht näher nachgehen. Aber wir wollen kurz zusammenfassen, was wir an anderer Stelle dargestellt haben.[76]

1. Das Postulat der Relevanz. Die Bildung von Idealtypen muß dem Relevanzprinzip entsprechen. Damit ist gemeint, daß das vom Sozialwissenschaftler ausgewählte Problem ein bestimmtes Bezugsschema in Geltung setzt und dadurch den Bereich absteckt, in dessen Grenzen die relevanten Idealtypen zu bilden sind.

2. Das Postulat der Adäquanz. Jeder Begriff eines wissenschaftlichen Systems, das sich auf menschliches Handeln bezieht, muß so konstruiert werden, daß eine menschliche Handlung, die innerhalb der Lebenswelt von einem individuellen Handelnden in der Weise vollzogen wird, die im konstruierten Typus beschrieben ist, dem Handelnden selbst wie seinen Mitmenschen einsichtig und vernünftig erscheint.

3. Das Postulat der logischen Konsistenz. Das konstruierte System von Idealtypen muß uneingeschränkt mit den Prinzipien der formalen Logik verträglich sein.

4. Das Postulat der Vereinbarkeit. Das System der Idealtypen darf nur wissenschaftlich zu bestätigende Annahmen enthalten, die mit dem gesamten System unseres wissenschaftlichen Wissens vereinbar sind.

Diese Postulate geben die notwendige Garantie, daß die Sozialwissenschaften es tatsächlich mit der wirklichen Sozialwelt zu tun haben, die für uns alle die eine und einheitliche Lebenswelt ist, und nicht nur mit einer merkwürdigen Phantasiewelt, die unabhängig und ohne Verbindung zu unserer Alltagswelt besteht.

Abschlußbemerkung

Für mich gehört die detaillierte Analyse der typisierenden Methode zu den wichtigsten Aufgaben einer Theorie des Handelns. Parsons kommt das große Verdienst zu, die Prinzipien und wichtigsten Aspekte einer solchen Theorie des sozialen Handelns ausgearbeitet zu haben. Gleichzeitig hat er klargemacht, daß die berühmtesten Vertreter der europäischen Sozialwissenschaften auf der Grundlage einer solchen Theorie gearbeitet haben und ihre Grundprinzipien und Methoden mehr oder weniger explizit zu entwickeln begonnen hatten. Parsons hat selbst explizit zum Ausdruck gebracht, daß er sein Buch nicht für den Schlußpunkt der Diskussion um die Handlungstheorie hält, sondern eher für den Ausgangspunkt weiterer Forschung auf diesem Gebiet. Dementsprechend sind meine eigenen Überlegungen auch ausschließlich von der Absicht geleitet, einen Beitrag zu dieser andauernden Diskussion zu leisten und nicht, Parsons wichtige Arbeit zu kritisieren.

Alfred Schütz – Talcott Parsons
Briefwechsel
16. 1. 1941 bis 21. 4. 1941

1. Talcott Parsons:
Über Mißverständnisse und Differenzen in der Fragestellung (16. 1. 41)

Cambridge, am 16. Januar 1941

Lieber Dr. Schütz

Endlich komme ich dazu, die Diskussion Ihres langen, und – wie ich meine – ziemlich schwierigen Kommentars zu meinem Buch zu beginnen. Mir scheint es nicht möglich, alles in einem einzigen Brief zu behandeln, selbst dann nicht, wenn es ein recht langer Brief werden wird. Aber ich werde heute einfach beginnen und in ein paar Tagen fortfahren.

Nach sehr sorgfältiger Überlegung sehe ich nicht, daß Ihre kritische Analyse irgendwelche tiefgreifenden Revisionen meines Werkes notwendig machten, obwohl sie da und dort in Richtungen weist, in die auch mein eigenes Denken sich bereits bewegt hat. Tatsächlich drängte sich mir mehrmals das Gefühl auf, daß es für die Klärung einiger Punkte recht hilfreich hätte sein können, wenn Sie auch mein späteres Manuskript herangezogen hätten, dessen eines Exemplar ich in Ihren Händen weiß. Wenn ich es einmal im Vorgriff etwas schematisch ausdrücken darf: Es gibt vielleicht drei recht allgemeine Gründe, die mich daran hindern, in Ihrem Essay, als Ganzem genommen, jene Art gültiger Kritik zu sehen, auf welche eine tiefgreifende Umarbeitung des Werkes, auf das sie sich bezieht, die einzige angemessene Antwort wäre. Unter ihnen ist vielleicht die Tatsache am wenigsten schwerwiegend, daß Sie an bestimmten Stellen meine Argumentation eindeutig und zum Teil ernstlich mißverstanden haben müssen. Das ist wahrscheinlich zumindest teilweise mein Fehler, da ich zweifellos oft meine Ansichten nicht hinreichend klar habe zum Ausdruck bringen können. Es gibt aber eine Stelle, wo das Mißverständnis ganz offenkundig zu Ihren Lasten geht. Auf S. 35 beziehen Sie sich auf den Satz, in dem es heißt: »wenn man von der Beschreibung und der Einheitenanalyse zur Elementanalyse fortschreitet, zeigt es sich, daß die Handlungskategorien analytisch nicht entscheidend sind.« Der Satz findet sich in einer Anmerkung auf S. 762 meines Buches. Nach Ihrer Darstellung sieht es so aus, als bezöge sich der Satz auf Handlungskategorien im allgemeinen. Demgegenüber geht aus dem Kontext des Satzes ganz eindeutig hervor, daß ich mich dort zur Bedeutung von Handlungskategorien in einem *positivistischen* System äußere.

Als ich Ihr Argument las, war mir sofort klar, daß ich den Satz unmöglich so allgemein hätte geschrieben haben können, wie Sie ihn interpretieren; ein Blick in den Text hat mich dann auch davon überzeugt, daß es sich hier ganz eindeutig um ein Mißverständnis handelt. Ob ich mit meiner so ausgedrückten Auffassung recht habe oder nicht, mag dahingestellt bleiben. Aber es kann absolut kein Zweifel an dem Sinn des Satzes bestehen; so handelt es sich ohne Frage um einen schwerwiegenden Irrtum Ihrerseits.

Auch an anderen Stellen meine ich, daß Interpretationsirrtümer im Spiele sind, insbesondere dort, wo es um die Beziehung zwischen den konkreten und abstrakten Ebenen bei der Anwendung des Handlungsschemas auf der einen Seite und der Unterscheidung zwischen Einheiten- und Elementanalyse auf der anderen Seite geht. Sie scheinen der Meinung zu sein, daß der konkreten Ebene die Einheitenanalyse und der abstrakten Ebene die Elementanalyse entspricht. Ich zweifle, daß diese Interpretation aus irgendeiner Textstelle gestützt werden könnte. Dies ist ganz eindeutig ein Interpretationsirrtum: Die beiden Unterscheidungen sind voneinander ganz unabhängig. An etwas späterer Stelle schreiben Sie mir die Ansicht zu, daß der Handelnde, soweit er sich rational verhält, *ausschließlich* an wissenschaftlich verifizierbarem Wissen über die Situation orientiert sei. Auch das ist zweifellos ein Mißverständnis. Sie bauen hier einen Strohmann auf, der sich leicht umwerfen läßt. Auf diesen Punkt werde ich noch zurückkommen.

Mein zweiter allgemeiner Eindruck von Ihrer Kritik ist dieser: Mir scheint, daß wir deshalb nicht zu einer befriedigenden Diskussion finden können, weil die Art unserer Interessen an diesen Fragen sehr voneinander abweicht. Ich habe viele Ihrer Argumente unterstrichen, die voraussetzen, mein Buch beschäftige sich, neben der Sekundäranalyse des Werkes anderer Autoren, in erster Linie mit der Methodologie und Erkenntnistheorie der Sozialwissenschaften. Bereits zu Beginn Ihres Manuskripts behaupten Sie, es sei der Zweck meines Buches zu zeigen, daß die vier Autoren in fundamentalen Prinzipien einer solchen Methodologie und Erkenntnistheorie konvergieren. Diese Aussage scheint mir in der Tat die Perspektive zu kennzeichnen, in der Sie Ihre Kritik ansetzen. In meinen Augen ist es angemessen zu sagen, daß Sie nirgends diese Probleme sorgfältig und systematisch in ihrer Beziehung zum allgemeinen System einer substantiellen wissenschaftlichen *Theorie* behandeln. Und gerade darin liegt nun ganz eindeutig der Kern *meines* Interesses, nicht aber in der Methodologie und Erkenntnistheorie als solcher. Diese Perspektivenverschiebung tritt für mich am deutlichsten in Ihrer Diskussion der Rolle normativer Orientierungen und Werte zutage. Ich habe diesen Aspekt in erster Linie als Problem der theoretischen Systematisierung behandelt, eine Perspektive, die für mich das ganze Buch beherrscht.

Damit will ich nicht sagen, daß methodologische oder auch erkenntnistheoretische Überlegungen völlig irrelevant seien. An vielen Stellen müssen solche Überlegungen angestellt werden. Die Perspektive aber, in der man sie anstellt, hängt für meine Begriffe entscheidend davon ab, in welcher Beziehung man sie zum Stellenwert eines generalisierten Systems sieht. Das erfordert die kontinuierliche Bezugnahme auf dessen besondere logische Struktur und nicht nur auf den Charakter bestimmter begrifflicher Elemente, aus denen es sich zusammensetzt. Ich könnte zeigen, daß Sie Ihre Position in manchen spezifischen Punkten revidieren müßten, zögen Sie dies Problem mit in Betracht. Mein allgemeiner Eindruck ist, daß Ihr Denken sich in methodologischen Bahnen bewegt und daß Sie an dem, was ich Theorie nenne, einfach nicht interessiert sind. Natürlich ist auch das in gewisser Weise eine Frage der Interpretation, wenn auch ein weit subtilerer und stärker generalisierter Aspekt der Interpretation, als der, den ich zuvor genannt habe.

Meine dritte recht allgemeine Bemerkung steht in enger Beziehung zu den beiden anderen. An vielen Stellen richtet sich Ihr Interesse auf philosophische Probleme als solche, mit denen ich mich ganz bewußt und mit spezifischer methodologischer Begründung nicht befaßt habe. So kommen Sie immer wieder darauf zu sprechen, was die subjektiven Prozesse des Handelns nun wirklich ausmache, und zwar in einem Sinne, den man nur ontologisch nennen kann. An anderer Stelle sprechen Sie über das Problem letzter Werte, wiederum in strikt philosophischem Sinne. Da sich mein Hauptinteresse auf ein substantiell theoretisches System richtet, ist es in meinen Augen auch nur folgerichtig, wenn ich soweit nur eben möglich versucht habe, die Verbindung zu philosophischen Positionen zu meiden, zumindest ihre Diskussion in recht engen Grenzen zu halten. Ich habe im ersten Kapitel des Buches versucht, meine Ansicht über die Beziehung zwischen einzelwissenschaftlicher Theorie und Philosophie im allgemeinen darzulegen. Danach könnte ein Kritiker meines Erachtens einen von zwei Wegen gehen:

Er könnte die von mir eingenommene allgemeine Position radikal in Frage stellen und zeigen, daß jedes einzelwissenschaftliche Begriffsschema, das Anspruch auf Gültigkeit erhebt, zwingend eine entsprechende Ontologie voraussetzt; denn das hatte ich zurückgewiesen. Wenn das aber nicht seine Absicht ist, so könnte er andererseits detailliert zu zeigen versuchen, daß die angemessene Berücksichtigung bestimmter philosophischer Probleme die spezifische Bearbeitung spezifischer theoretischer Fragen in angebbarer Weise beeinflussen würde. Unter diesem Gesichtspunkt erscheint mir Ihr Essay ernstlich unbefriedigend. Sie greifen meine allgemeine Position nicht generell an, scheinen ihr aber im Detail auch nicht zustimmen zu wollen und kommen immer wieder zu Aussagen, die eigentlich die Ansicht implizieren, daß sie in Ihren Augen doch insgesamt nicht haltbar ist. Soweit spezifische Detailüberlegungen meinerseits in Frage stehen, so argumentieren Sie in der Regel so, daß meine allgemeine methodologische Einstellung dazu ungenügend sei; was Sie niemals zeigen, ist, wie eine alternative Position die aktuelle logische Struktur der Theorie und ihre empirische Anwendung berühren würde. Auf die empirische Anwendung lege ich aber besonderen Wert. Soweit ich sehe, enthält Ihr gesamter Essay nicht eine einzige Bezugnahme auf die Bearbeitung empirischer Probleme, wie sie sich im Werk der von mir behandelten vier Autoren finden. Das vielleicht wichtigste Einzelverdienst meines Buches besteht m. E. darin, daß seine Überlegungen zur Theorie und Methodologie nicht im Abstrakt-Allgemeinen stecken bleiben, sondern stets die Verbindung halten zu bestimmten Problemen der Interpretation empirischer Phänomene und ihrer Generalisierungen. Wenn man Ihr Manuskript liest, findet man immer wieder Aussagen, die so, wie sie formuliert sind, völlig plausibel klingen. Immer wieder fühle ich mich aber auch gedrängt zu fragen: »Was weiter?« Meine Frage ist: Welchen Unterschied würde es für die Interpretation auch nur eines empirischen Problems, das in meinem Buch behandelt wird, oder für die Formulierung der systematischen Struktur der Theorie ergeben, wenn ich eine Ihrer Aussagen anstelle meiner eigenen Formulierung, die Sie kritisieren, unterstellen würde? Natürlich kann ich nicht sagen, daß sich ein solcher Unterschied in keinem einzigen Fall einstellen würde. Aber zweifellos gibt es keine einzige Stelle in Ihrem Essay, wo Sie selbst *demonstrieren*, worin er liegen könnte. Es scheint mir eine völlig legitime Forderung an die Kritik eines wissenschaftlichen Werkes zu sein, daß der Kritiker die Stringenz seiner Kritik in dieser Weise sichtbar machen sollte. Um es zu wiederholen: Es gibt keinen Grund, Ihrer Kritik allgemein die Bedeutung abzusprechen. Aber in meinen Augen wäre es Ihre Aufgabe zu zeigen, daß und worin sie bedeutsam ist. Würden Sie so verfahren, dann wären Sie bei Ihrer Analyse m. E. zu einer Perspektive gezwungen, die bei Ihnen völlig fehlt. Dabei denke ich erneut vor allem daran, daß Sie die Bedeutung Ihrer Kritik für ein theoretisches System darlegen müßten unter dem spezifischen Gesichtspunkt, was es bei dem Verständnis bestimmter empirischer Probleme zu leisten vermag.

Nachdem ich Ihnen so meinen allgemeinen Eindruck geschildert habe, werde ich nun zumindest damit beginnen, einzelne Punkte durchzugehen, wie sie im Verlauf Ihrer Diskussion auftauchen. Der erste Punkt berührt die Definition einer »Tatsache«. Dabei handelt es sich um einen Ausdruck, wo der Wortgebrauch auch unter sorgfältigen Wissenschaftlern uneinheitlich ist. Zuweilen wird das Wort für Teile unseres Wissens über die Welt verwendet, manchmal aber auch für Aspekte der Welt, über die wir ein Wissen haben. Zweifellos ist die Unterscheidung zwischen dem Inhalt des Wissens, das ein System aufeinander bezogener Aussagen darstellt, und den Dingen, auf die sich diese Aussagen beziehen, elementar und fundamental. Die Begrenzung des Ausdrucks »Tatsache« auf eine der beiden Kategorien ist fast willkürlich, aber diese Willkür liegt im Interesse der Klarheit. Diese Grundüberlegung muß man trennen von dem weiteren Problem der Beziehung zwischen der Struktur von Aussagen und unserer Erfahrung der externen Welt. Ihr Argument scheint von einer Unterscheidung auszugehen zwischen (1) dem, was in der Erfahrung ursprünglich gegeben ist, (2) der Interpretation dieses ursprünglichen Materials und (3) Aussagen darüber. Diese Unterscheidungen mögen für bestimmte Zwecke nützlich sein, ich glaube aber, daß sie wahrscheinlich unrealistisch sind. Tatsächlich ist ja die Rolle eines Begriffsschemas nur analytisch von einer gegebenen Erfahrung unterscheidbar. Wir beobachten immer, d. h. wir machen Erfahrungen, im Rahmen eines Begriffsschemas. Mehr noch, gerade weil und soweit Erfahrung in Begriffen gefaßt ist, wird sie Inhalt von Sätzen und Aussagen. Damit will ich nicht sagen, daß verbale oder andere Symbolisierungen die volle Konkretheit der Erfahrung auszuschöpfen vermöchten. Aber jene Elemente der Erfahrung, die kristallisieren und kommuniziert werden, sind genau jene, welche in Sätzen formuliert werden, zumindest soweit es sich um Wissenschaft dreht. In der Perspektive des Subjekts *besteht* daher das Wissen über jene Aspekte der Erfahrung, die zu einer bestimmten Form kristallisiert sind, in einem System von Aussagen. Ich kann einfach nicht sehen, wo ich Aussagen vermenge mit den Phänomenen, auf die sie sich beziehen, und Ihre kritische Bemerkung, daß diese Konfusion das ganze Buch durchzöge, trifft mich nicht. Wiederum geben Sie kein Beispiel, wo wichtige Schlußfolgerungen aus dieser Konfusion resultieren und nach ihrer Eliminierung geändert werden müßten.

Auf S. 25 Ihrer Kritik sagen Sie, daß im Rahmen der Naturwissenschaften Tatsachen ohne Rückgriff auf deren »Genese« beschrieben und klassifiziert werden können; bei sozialen Tatsachen sei dies aber nicht möglich. In diesem Zusammenhang ist auf eine terminologische Frage einzugehen: In gewissem Sinne ist es ganz richtig, wenn Sie schreiben, daß für mich *Tatsachen* nicht »beschrieben«, sondern »behauptet« (stated) werden. Aber die Folgerung, die Sie daraus ziehen, kann ich nicht akzeptieren. Der prinzipielle Unterschied zwischen den beiden Wissenschaftstypen scheint mir der zu sein, daß sehr viele der für die Sozialwissenschaften relevanten, beobachteten Phänomene als Symbole behandelt werden, die eine bestimmte Bedeutung haben; ein solcher Begriffsrahmen fehlt dagegen in der Physik völlig. Um aber ein Symbolsystem zu verstehen, muß man »dessen Sprache kennen«. Auf dieser Basis ruht für mich die Notwendigkeit unserer Wissenschaft, jede Einzeltatsache in einen bestimmten, umfassenden Kontext einzuordnen – und auch das ist in den Naturwissenschaften nicht nötig. Was nun die Frage einer Trennlinie zwischen Alltagsinterpretationen sozialer Tatsachen und wissenschaftlichen Aussagen betrifft, so scheint es sich dabei eher um eine Spitzfindigkeit zu handeln als um ein methodologisches Grundprinzip. Darauf werde ich noch zurückkommen, wenn ich mich Ihrer Behandlung des Problems der Rationalität zuwende. Nur wenig später findet sich aber die Stelle, an der Ihnen der schwerwiegendste Interpretationsirrtum unterläuft. Auf Seite 27 und 28 sagen Sie, daß Ihre Kritik, die Sie an meiner Definition von Tatsachen geübt haben, in ganz gleicher Weise auch für meine Definition einer Norm als Beschreibung eines Handlungsverlaufs gelte. Sie gehen dann noch weiter und behaupten, ich substituiere Phänomene durch die

Aussagen, die sich auf jene beziehen. Die Frage nach dem Status von Normen unterscheidet sich aber vollständig von jener nach den Tatsachenelementen des Wissens. Dies wird eine der wichtigsten Fragen unserer weiteren Diskussion sein. Der Grund dafür, hier die Betonung auf die verbale Beschreibung eines Handlungsverlaufs zu legen, liegt genau darin, daß in der Perspektive des Handelnden eine Norm eine subjektiv sinnvolle Angelegenheit ist. Sie stellt selbst einen »Sinnzusammenhang« (im *Weber*schen Sinne) dar oder ist ein Element davon, und zwar auf einer Ebene, die für wissenschaftliche Zwecke sinnvollerweise mittels Symbolen formuliert wird. Besonders mit Bezug auf Pareto habe ich die Beziehung zwischen solchen Verbalisierungen und den zugrundeliegenden »Werteinstellungen« oder Gefühlen, die jene gewissermaßen zum Ausdruck bringen, des längeren diskutiert. Damit ist nun wahrlich kein einfaches Problem berührt. Aber die Art und Weise, in der eine verbalisierte Norm eine Werteinstellung ausdrückt, unterscheidet sich radikal von jener, in der eine Tatsachenaussage einen Aspekt eines Phänomens beschreibt. Die Referenten der sprachlichen Symbole sind im einen Fall subjektive Dinge, im anderen Aspekte der externen Welt. Vom Standpunkt eines Beobachters aus kann man sich auf Werteinstellungen beziehen, als wären sie Phänomene (wenngleich sie dann an Konkretheit verlieren), nicht aber vom Standpunkt des Handelnden aus.

Damit wäre ich zunächst einmal am Ende Ihrer allgemeinen methodologischen Ausführungen. Deshalb werde ich auch an dieser Stelle unterbrechen. Es ist offensichtlich, daß ich meine allgemeinen kritischen Eindrücke noch nicht befriedigend habe belegen können. Ich werde aber versuchen, in wenigen Tagen den Faden wieder aufzunehmen. Dabei werde ich dann auch genügend Anhaltspunkte zusammentragen, die meine hier noch sehr generellen Aussagen stützen können.

Ihr sehr ergebener
Talcott Parsons

P.S.: Ich habe meine Bemerkungen ziemlich scharf formuliert. Natürlich hat mich dazu keinerlei persönlich gemeinte Feindseligkeit veranlaßt. Mir geht es ausschließlich darum, die Probleme der Diskussion so klar wie möglich zu formulieren.

2. Alfred Schütz:
Kurze Empfangsbestätigung
(21. 1. 41)

New York, am 21. Januar 1941

Lieber Professor Parsons
Ich will Ihnen nur rasch sagen, daß ich am vergangenen Samstag Ihren Brief vom 16. Januar erhalten habe.

Es ist wohl das Beste, wenn ich mit einer Antwort warte, bis ich Ihren langen und hochinteressanten Brief sorgfältig gelesen habe und der zweite Teil, den Sie darin versprechen, in meinen Händen ist. Natürlich verstehe ich völlig, daß Sie sich dafür Zeit nehmen müssen.

Mit freundlichen Grüßen
bin ich Ihr
Alfred Schütz

3. Talcott Parsons:
Über systematische Konsequenzen von Detailkritiken
(23. 1. 41)

Cambridge, am 23. 1. 1941

Lieber Dr. Schütz
Ich will nun also fortfahren mit meinem Kommentar zu Ihrem Manuskript und die Probleme in der Reihenfolge aufnehmen, wie sie bei Ihnen behandelt sind.

Ich möchte zunächst ein oder zwei Anmerkungen machen zu den Grundprinzipien des utilitaristischen Systems. Die Frage, wie »Effizienz« definiert werden sollte, ist außerordentlich komplex, und ich glaube, daß ich gegenüber dem Buch in meinem späteren Manuskript, das Sie gesehen haben, damit ein Stück vorangekommen bin. Für mich ist dabei der wichtigste Punkt, daß die Verifizierbarkeit im Sinne empirischer Wissenschaften nur eine Komponente des Komplexes darstellt. Die andere sehr wichtige Komponente ist die Minimisierung der Kosten, und es läßt sich wohl zeigen, daß diese eine Bezugnahme auf das gesamte Handlungssystem eines Individuums notwendig macht. Daher handelt es sich hier um den wichtigsten Punkt, an dem die Abstraktheit der Akteinheit offenbar wird. Würden Sie diesen Zusammenhang in Betracht ziehen, so könnten Sie wohl Ihre kritischen Bemerkungen über die Schwierigkeit, die Akteinheit mit Bezug auf größere Handlungskomplexe zu bestimmen, in der vorliegenden Form nicht mehr aufrechterhalten.

In den Passagen, in denen Sie über die Bedeutung des Empirismus schreiben, ist Ihnen ein kurioser Interpretationsirrtum unterlaufen. Denn die Rolle des wissenschaftlich gültigen Wissens ist in die Definition »rationaler Effizienz« eingegangen. Mit Empirismus hatte ich aber etwas vollständig anderes gemeint – nämlich jene Denkrichtung, die sich nicht der Abstraktheit begrifflicher Schemata völlig bewußt ist und die daher dazu neigt, jene in der utilitaristischen Theorie formulierten Elemente für ausreichend zu halten, wirkliche, konkrete Handlungen erschöpfend zu beschreiben.

Auf S. 31 kommen Sie auf das von mir eingeführte System letzter Werte zu sprechen und sehen darin das spezifische Charakteristikum der voluntaristischen Handlungstheorie, das sie von anderen Handlungstheorien unterscheide. Das trifft so nur teilweise zu: Das System letzter Werte ist das, was meine Theorie von allen positivistischen Theorievarianten am eindeutigsten trennt. Nimmt man auf andere Theorien Bezug, so mögen auch ganz andere Elemente die Differenz markieren.

Im allgemeinen halte ich Ihre Zusammenfassung meines Arguments für zutreffend und angemessen – jedenfalls bis zur S. 33. Dort taucht erneut die Schwierigkeit auf, die ich schon in meinem letzten Brief erwähnt habe – Ihre Neigung nämlich, meine Unterscheidung zwischen der konkreten und der analytischen Ebene gleichzusetzen mit der zwischen der Einheiten- und der Elementanalyse. Es ist keineswegs so, wie Sie auf S. 34 behaupten, daß das Handlungsschema, aufgefaßt als Bezugsrahmen analytischer Elemente, eine andere inhaltliche Bedeutung annimmt, wenn es als deskriptives Schema behandelt wird. Ganz im Gegenteil sehe ich in dem theoretischen System, das man als das Ergebnis des ganzen Buches betrachten kann, nicht ein System von Elementen, sondern von strukturellen Kategorien. Deshalb heißt das Buch auch »The Structure of Social Action«. Ich meine, dies auch an mehreren Punkten explizit hervorgehoben zu haben. Ich darf Sie deshalb noch einmal auf S. 35 aufmerksam machen, wo Sie die völlig ungerechtfertigte Behauptung aufstellen, daß die Handlungskategorien auf der Elementebene analytisch nicht länger bedeutsam (signifikant) seien.

Aber die eigentlichen Schwierigkeiten beginnen erst später. Auf

S. 36 findet sich eine für Ihre Argumentation typische Bemerkung, auf die ich hinweisen möchte. Dort schreiben Sie: »zweitens wird der Versuch unternommen, die methodologischen Bemerkungen in einem großen theoretischen System zu vereinigen.« Ich bin ganz entschieden der Auffassung, daß dies mein Vorgehen nicht zutreffend wiedergibt. Ich habe meine Aufgabe nicht primär darin gesehen, die *Methodologien* der behandelten Autoren als solche zu explizieren, sondern ihre *theoretischen* Begriffsschemata herauszuarbeiten, und zwar in deren Beziehung zu empirischen Problemen. So wichtig die methodologische Diskussion ist: sie bleibt dieser primären Aufgabe logisch nachgeordnet. Eine weitere typische Behauptung findet sich auf derselben Seite, wo Sie mir die Ansicht unterstellen, »daß jede wahre Beschreibung immer schon notwendig eine theoretische Einsicht in das Wesen menschlicher Aktivität voraussetzt«. Wenn ich an Ihren wiederholten Gebrauch solcher Begriffe wie »wirklich« und »wesentlich« in Ihrer anschließenden Diskussion denke, dann scheint mir der Schluß gerechtfertigt, Sie meinen hier »Wesen« im ontologischen Sinne. Ich möchte mit allem Nachdruck die Unterstellung zurückweisen, ich beanspruchte, eine Theorie über das Wesen menschlicher Aktivität in diesem Sinne entwickelt zu haben. Auf diesen Punkt werde ich noch wiederholt zurückkommen.

Für mich ist der Abschnitt über die konkrete und analytische Ebene der am wenigsten befriedigende Ihrer ganzen Abhandlung. Ich meine, daß Sie mich in dieser ganzen Frage fundamental mißverstanden haben. Ich neige dabei der Ansicht zu, daß der Grund für dieses Mißverständnis vor allem darin liegt, daß Sie nicht in Termen der Logik eines theoretischen Systems denken. Mit der Formulierung »analytische Ebene« beziehe ich mich auf solche logischen Überlegungen, die in die Darlegung jener Probleme eingehen, durch die festgelegt wird, wie das System als Ganzes aussieht. Es handelt sich also um die Ebene, die auch für die Formulierung eines Systems von Differentialgleichungen in der Mechanik vorausgesetzt wird. Die unüberwindlich erscheinenden Schwierigkeiten, die wir aus der Geschichte der Handlungstheorie kennen, beruhen entscheidend auf der Vermengung dieser Ebene mit jener anderen, die ich die konkrete Ebene genannt habe. In diesem Zusammenhang möchte ich ganz besonders noch einmal auf meine Abhandlung zur Entwicklung von Durkheims Begriffsschema verweisen. Denn die Schwierigkeiten, die Durkheim mit dem Begriff des »Gruppenbewußtseins« hatte, rühren m. E. vornehmlich daher, daß er versuchte, ein Begriffsschema, das eigentlich mit Bezug auf die konkrete Ebene – um hier meinen Terminus zu benutzen – formuliert war, als Basis für Generalisierungen benutzte, die ein Gesamtsystem des Handelns determinieren sollten. Mir ist unverständlich, wie nach sorgfältiger Lektüre meiner Analyse des Durkheimschen Werkes in den Kapiteln 9 und 10 meines Buches über diesen Zusammenhang Unklarheiten bestehen können: er bildet schließlich den zentralen Punkt meines Arguments. Und lassen Sie es mich wiederholen: Diese Frage ist logisch völlig unabhängig von meiner Unterscheidung zwischen Einheiten- und Elementanalyse.

Auf S. 39 unterstellen Sie mir weiterhin kurioserweise die Annahme, der *Begriff* der Akteinheit bezöge sich nicht ausschließlich auf Universalien. Natürlich ist die Akteinheit nichts anderes als eine Kombination von Universalien in dem gleichen Sinne, wie es auch bei den Partikeln der Mechanik der Fall ist. Aber jeder bestimmte Akt wie auch jedes bestimmte Partikel – etwa die Sonne – stellt nicht selbst ein Universal dar, sondern ist Bezugspunkt zahlreicher bestimmter Tatsachenaussagen, die allerdings ihrerseits in Termen der logischen Universalien formuliert sind, die in den theoretischen Begriff eingegangen sind. Hier ist die Feststellung wichtig, daß die gleichen Begriffe sowohl als analytische Elemente oder Variable als auch als strukturelle Kategorien aufgefaßt werden können; das hängt von ihrem Anwendungskontext ab. Und schließlich: obwohl Sie meinen, es läge auf der Hand, vermag ich den Bedeutungsunterschied nicht zu erkennen, der sich für den Begriff »subjektiver Gesichtspunkt« ergeben soll, je nachdem er im Rahmen der Elementanalyse einerseits, der Aktanalyse andererseits Verwendung findet. Diese Interpretation scheint mir nur dann möglich zu sein, wenn man, wie Sie es tun, diese Unterscheidung mit jener zwischen den beiden Ebenen gleichsetzt. Das ist aber, wie schon gesagt, nicht zulässig. In beiden Fällen sind »Tatsachen« Aussagen, welche die Besonderheiten festlegen, die wiederum verallgemeinerten Kategorien des theoretischen Systems korrespondieren. Natürlich beziehen sie sich immer in einem bestimmten Sinne auf konkrete, d. h. empirische Personen oder Personengruppen. Und ebenso kann man wohl sagen, daß sie sich immer auch auf Aspekte des Bewußtseins dieser Personen beziehen. Dem jeweiligen wissenschaftlichen Problem und der Art, es zu bearbeiten, entsprechend mag zwar der Charakter der dabei zu machenden Abstraktionen in gewisser Hinsicht differieren – ein einzelner, durchschlagender Bedeutungsunterschied ergibt sich dabei aber zweifellos nicht. – Vor allem anderen: Sie werden vermutlich sagen, daß die analytische Ebene abstrakt sei und nicht ontologisch »wirklich« – an späterer Stelle sprechen Sie von Fiktionen. Aber weder ist die »konkrete« Ebene ontologisch wirklich, noch sind es – selbstverständlich – Fiktionen. Hier möchte ich nur auf meine Kritik an Weber hinweisen.

Ich komme nun zu der wichtigen Frage, ob und inwieweit meine Kriterien von Rationalität angewendet werden können auf das, was wir gemeinsam »Alltagshandeln« nennen können. Für mich ist hier der wichtigste Punkt, daß Sie mir fortgesetzt eine ganz falsche und völlig unhaltbare Ansicht unterschieben – nämlich: für mich sei ein Handeln nur dann und insoweit rational, als es *ausschließlich* durch wissenschaftliches Wissen bestimmt sei. Es mag vielleicht einzelne Formulierungen geben, die eine solche Interpretation zulassen, aber ich bin ganz sicher, daß das Gesamtargument meines Buches sie definitiv ausschließt. Es war ganz im Gegenteil meine Absicht, immer erneut zu zeigen, daß es nur sinnvoll ist, von rationalen *Elementen* des Handelns zu sprechen, niemals aber von einem Handeln, das von Vernunft allein regiert wird. Ich habe m. E. an vielen Stellen klargemacht, daß in jedem bestimmten Akt *alle* Elemente, die in einem verallgemeinerten Sinne zum Gesamtsystem des Handelns gehören, beteiligt sind. Diese Auffassung kommt vielleicht in meiner Diskussion von Pareto am deutlichsten zum Ausdruck. Hier darf ich einige weitere Bemerkungen machen. Natürlich ist es so, daß der Handelnde im Alltag nur über partielles Wissen verfügt und daß dieses Wissen auch nicht *primär* nach wissenschaftlichen Kriterien formuliert ist. Aber ich habe ausdrücklich klargemacht, daß hier das relevante Kriterium nicht die wissenschaftliche Form eines Wissenselements ist, sondern die Verifizierbarkeit mittels wissenschaftlicher Methoden. Darüber hinaus habe ich in meinem Buch großen Nachdruck auf die Wichtigkeit gerade der Grenzen der Wissensadäquanz gelegt. Sie sagen, der Handelnde habe nur partielles Wissen. In einigen Fällen ist aber dieses Wissen seinen Zielen angemessen, wie partiell es auch immer sein mag. In anderen Fällen kann es inadäquat sein, wie vollständig auch immer es ist. In meinen Augen ist die Frage der Adäquanz des Wissens die schlechthin entscheidende; und ich sehe auf der

Basis Ihrer Position keinen Weg zu einer Antwort. Überhaupt zweifle ich, ob sich Ihre Vorstellung eines »subjektiven Wahrheitsbegriffs« halten läßt, der die Logik des Alltagshandelns adäquat beschreibt, gleichwohl vom wissenschaftlichen Wahrheitsbegriff sich unterscheiden läßt. Für meine Position ist es fundamental, am inneren Zusammenhang der Grundbegriffe von Logik und Beobachtung, die wir einerseits in den entwickeltesten Wissenschaften und andererseits in den einfachsten Alltagshandlungen vorfinden, festzuhalten. Sie nennen dies eine philosophisch naive Identifizierung. Sie mögen dieser Meinung sein. Aber ich finde in Ihrem Argument nichts, was meine Position gefährden könnte. Ich versichere Ihnen, daß ich dieses Problem mit äußerster Sorgfalt unter den verschiedensten Gesichtspunkten durchdacht habe. Natürlich kann meine Auffassung falsch sein, aber naiv ist sie zweifellos nicht. Ich habe im vergangenen Jahr versucht, Ihnen meinen Standpunkt am Beispiel des medizinischen Handelns zu erläutern; mir scheint heute, daß Sie in jener Diskussion meinen zentralen Punkt völlig verfehlt haben. Seit ich das Buch geschrieben habe, bin ich m. E. mit diesen Problemen ein gutes Stück vorangekommen, aber meine Grundansicht hat sich dabei in keiner Weise geändert, sie hat sich vielmehr ganz wesentlich gefestigt. Ich stimme Ihnen zu, wenn Sie sagen, daß der Handelnde »an der Suche nach Sicherheit nicht interessiert ist«, wenngleich mir dieser Satz ein bißchen zu absolut klingt. Sicherlich ist er primär an anderen Dingen interessiert. Aber das beweist keineswegs die Irrelevanz wissenschaftlicher Standards der Verifizierbarkeit. Es beweist lediglich, daß das Interesse des Handelnden nicht auf die wissenschaftliche Wahrheit seiner Überzeugungen *beschränkt* ist. Sie schreiben auf S. 43: »er will nicht wissenschaftliche Wahrheit finden, sondern lediglich seine privaten Erfolgschancen abwägen«. Hier konstruieren Sie einen ziemlich unrealistischen Gegensatz. Wie kann er seine Erfolgschancen abschätzen ohne ein Wahrheitsurteil über seine Überlegungen, auf die seine Vorhersage gründet? Nehmen wir ein Beispiel aus der heutigen Politik. Nehmen wir an, Präsident Roosevelt ist daran interessiert, der britischen Regierung zu helfen, einen entscheidenden Sieg Deutschlands zu verhindern. Für seine Entscheidung darüber, was getan und was nicht getan werden soll, ist es doch von äußerster Bedeutung, die Wahrheit einiger Fakten zu kennen, z. B. die relative Schlagkraft der deutschen und britischen Luftstreitkräfte und die damit zusammen-

hängende wahrscheinliche Möglichkeit der Deutschen, den britischen Widerstand zu brechen, bevor eine ins Gewicht fallende
Unterstützung Amerikas wirksam werden kann. Zu sagen, Präsident Roosevelt sei an der Wahrheit dieser Fakten nicht interessiert,
schiene mir absolut unverständlich. Natürlich ist er nicht an der
Wahrheit als solcher interessiert; ob aber die Nachrichten, die ihm
zur Verfügung stehen, zutreffen, ist zweifellos von größter Wichtigkeit. Das gleiche gilt m. E. für jedes Handeln, das überhaupt in
einen rationalen Zweck-Mittel-Kontext gebracht werden kann.
Ich kann einfach nicht sehen, wie man Chancen und Risiken ge-
geneinander abwägen kann jenseits der Frage nach der Verifizierbarkeit des Wissens. Aber vielleicht ist hier das folgende Problem
das wichtigste: Ich vermag den scharfen Gegensatz in der Perspektive des Handelnden nicht zu akzeptieren, den Sie zwischen der Situation machen, in der der Handelnde seine Handlung entwirft,
und jener, in der er retrospektiv auf vergangenes Handeln zurückblickt. Sicherlich: einige Beschränkungen rationalen Kalkulierens
sind für den ersten Fall typisch, fehlen dagegen im zweiten Fall.
Aber zu behaupten, daß die Verifizierbarkeit von Aussagen für den
Prozeß des Projektierens irrelevant sei, geht über mein Verständnis. Nehmen wir das Beispiel auf, das Sie in einer Anmerkung bringen. »Ein Patient ist nicht primär an der wissenschaftlich korrekten
Behandlung, die der Arzt ihm verordnet, interessiert, solange die
Behandlung ihn nur gesund macht.« Es ist mir nicht entgangen,
daß Sie hier Ihre Aussage durch das Wort »primär« qualifizieren.
Und in gewissem Grade kann ich Ihnen zustimmen. Sicherlich ist
ein Patient nicht losgelöst vom Gedanken an seine Genesung an einem wissenschaftlichen Verständnis seiner besonderen Krankheit
um seiner selbst willen interessiert. Aber zweifellos ist er brennend
an der Kompetenz seines Arztes interessiert. Die gesamte Struktur
des medizinischen Handelns in unserer Gesellschaft – und dies
möchte ich ganz besonders betonen – belegt mit aller wünschens-
werten Eindeutigkeit, daß es gänzlich unmöglich wäre, irgendein
Kriterium medizinischer Kompetenz abzulösen von Überlegungen der relativen Adäquanz wissenschaftlicher Kenntnisse über die
Krankheiten, die ein Arzt zu behandeln hat. Zweifellos gibt es Unterschiede in den Relevanzsystemen und in den Interessen, aber
diese Unterschiede betreffen nicht den entscheidenden Punkt, um
den es hier geht. Ihre Argumentation in dieser Frage vermag mich
überhaupt nicht zu überzeugen. Ich komme immer mehr zu der

Ansicht, daß Sie meine Position ernsthaft mißverstanden haben, die Sie vornehmlich mit Bezug auf Probleme kritisieren, die sich grundsätzlich von denen unterscheiden, von denen mein Buch handelt. Viele Ihrer Aussagen wären sicherlich zu halten, wenn sie nur nicht als Kritik meines Buches formuliert wären. Aber als Kritik sind sie mehrheitlich entweder falsch oder irrelevant.

Aus Zeitgründen kann ich jetzt leider eine Diskussion des Problems normativer Werte nicht mehr beginnen. Meine Einwände gegenüber Ihrer Position sind dabei mindestens so schwerwiegend wie jene im Zusammenhang des Rationalitätsproblems. Aber das muß ich auf einen späteren Zeitpunkt verschieben.

Herzliche Grüße,
Ihr
Talcott Parsons

PS: Ich denke, daß ich in einem weiteren Brief meinen Kommentar abschließen kann. Ich hoffe, in der nächsten Woche dazu zu kommen.

4. Talcott Parsons:
Über analytische Theorie und phänomenologische Analyse
(2. 2. 41)

Cambridge, 2. Februar 1941

Lieber Dr. Schütz

Ich werde nun fortfahren und versuchen, heute meinen Kommentar zu Ihrer Abhandlung abzuschließen. Es wird wohl von jetzt an nicht mehr nötig sein, sehr ins Detail zu gehen, da, wie ich meine, die Hauptpunkte auch so klar werden.

Es scheint mir nützlich, zunächst einige Bemerkungen zu Ihren Passagen über den Zusammenhang von normativen Werten und Motiven zu machen, bevor ich mich dem zweifellos zentralsten Problem unserer Diskussion zuwende – der Beziehung zwischen der objektiven und der subjektiven Perspektive. Sie haben zwei mögliche Interpretationen dafür formuliert, wie ich den Begriff des normativen Wertes im sozialen Handeln verwende. Davon kann man die zweite wohl sofort wieder ausscheiden. Denn nach ihr wäre, wie Sie sagen, keine Handlung denkbar, die nicht zumindest

»wertrational« wäre. Für mich ist das Spannungselement zwischen der Rationalität einerseits und jeder Norm oder jedes Handlungselements, das rationalem Handeln entgegensteht, das fundamentale Problem. Darüber hinaus möchte ich in diesem Zusammenhang lediglich noch anmerken, daß das Problem der Integration des gesamten Handlungssystems eines Individuums im logischen Sinne anders gelagert ist als das Problem, die Elemente einer Akteinheit zu definieren. Eine der wichtigsten Quellen der Irrationalität liegt in unzureichender Integration, die wiederum auf zahlreiche und unterschiedliche Ursachen zurückgeht. Ich glaube daher, daß ein solch allgemeiner Schluß nicht gerechtfertigt werden kann, wie der, daß überhaupt kein irrationaler Akt denkbar wäre, ohne die Frage der Integration systematisch aufzunehmen.

Mich aber interessiert weit mehr Ihre erste Interpretation. Und es ist offensichtlich, daß hier irgend etwas nicht stimmt. Wie schon gesagt, spielt auch hier wieder herein, daß Sie nicht klar genug zwischen den beiden Analyseebenen unterscheiden. Ich stimme Ihnen zu, daß es – in Ihren Worten – jenen Unterschied gibt zwischen »einem rein autonomen, teleologischen Element« und einem »heteronomen Befehl«. Nicht mehr zustimmen kann ich aber der Ansicht, daß auf der analytischen Ebene zwischen dem letzteren und situationalen Bedingungen oder Notwendigkeiten kein Unterschied bestehen soll. Ich habe dieses gesamte Problem sehr eingehend mit Bezug auf Durkheims Werk analysiert. Es war genau diese Konfusion, über die ich gerade spreche, nämlich faktische Situationsbedingungen mit normativen Mustern zu vermengen, auf die die prinzipiellen Schwierigkeiten in Durkheims frühem Begriffsschema zurückgehen und die das Problem des »Gruppenbewußtseins« haben entstehen lassen. Und als er später diese entscheidende Unterscheidung traf, löste er schließlich sein Problem (in »L'éducation morale«). Ich will gerne zugestehen, daß Gesetze und andere Normen, wenn sie erst einmal institutionalisiert sind, bei einem konkreten Handelnden einen ähnlichen Status gewinnen können, wie andere außermenschliche Bedingungen. Auch deren Nichtbeachtung zeitigt Konsequenzen, die außerhalb der Kontrolle des Handelnden sind und deren Wahrscheinlichkeit er in Rechnung stellen muß. Aber das ist eine Folge ihrer Institutionalisierung und kann für analytische Zwecke nicht als ihr Definiens aufgefaßt werden, will man Zirkelschlüsse vermeiden. Das liegt vielleicht besonders klar auf der Hand, wenn man außerweltliche

Sanktionen als Folge von Ungehorsam mit in Betracht zieht. Zweifellos sind doch die automatischen Konsequenzen der Sünde in der Form des Höllenfeuers, wie wir es aus der Orthodoxie etwa der Baptisten kennen, nicht von gleicher Art wie die Folgen für einen Autofahrer, der von der Straße abkommt. An späterer Stelle werde ich noch auf andere Aspekte des Problems der »subjektiven Perspektive« eingehen; aber einer spielt auch in diesen Zusammenhang hinein. In bestimmten Grenzen mag es sehr wohl zutreffen, daß für ein konkretes Individuum der Prozeß der Wahl zwischen »Mitteln und Zwecken, die von einem normativen Wert regiert werden, ähnlich oder gar identisch ist mit seinem Prozeß, all das in Rechnung zu stellen, was im analytischen Sinne Situationsfaktoren heißt«. Aber eine *Psychologie der Wahl* ist gar nicht mein Problem; mir geht es vielmehr um die Unterscheidung und Beziehung zwischen Elementen eines sozialen Systems. Unter diesem Blickwinkel ist es für mich völlig unmöglich, beide Kategorien miteinander zu identifizieren. Und warum das so ist, meine ich hinreichend gezeigt zu haben. Ich möchte hier noch hinweisen auf einen Ihrer Sätze auf S. 32, wo Sie sagen, daß die Wertmuster auch jene Handlungen einschließen müßten, die Weber »affektuell« und »traditional« nennt. Genau das ist meine Meinung, und ich darf Sie daran erinnern, daß ich die Gründe dafür, warum in jenen im Weberschen Sinn gebrauchten Kategorien Wertelemente impliziert sind, in meinem Buch in einiger Ausführlichkeit diskutiert habe. Das gleiche gilt übrigens für Paretos Begriff des »Sentiments«.

Ich komme jetzt zu der sicherlich sehr schwierigen Frage der Motive. Richtig ist, daß ich das Wort »Motiv« nicht sehr häufig benutzt habe. Aber ich frage mich, ob nicht in gewissem Sinn die Frage ein Streit um Worte ist. In dem Sinne, in dem ich das Wort gebrauchen würde, ist eine Motivtheorie ein zentrales Thema des ganzen Buches. Unter einem Motiv würde ich jene Elemente in einem Handlungssystem verstehen, die den »Kräften« in der Mechanik ganz analog sind – das ist sicherlich nicht eine besonders sorgfältig überdachte Definition. Daß es sich hierbei um subjektive Dinge handelt, ist eine Implikation des gesamten, von mir entwickelten Bezugsrahmens. Blickt man aber aufs Detail, so ist eine allgemeine Theorie der Motivierung des Handelns sicherlich eine extrem komplexe Sache, und ich bin mir darüber im klaren, daß sich in meinem Buch dazu nur die allerersten Anfänge finden. Ich meine aber, daß ich seitdem in bestimmter Richtung ein gutes Stück vorangekommen bin, so etwa in dem Artikel über die »Motivierung wirtschaftlichen Handelns«.[78] Es wäre aber denkbar, daß Sie es ablehnen, das, womit ich mich darin beschäftige, überhaupt Motive zu nennen. Ich bin ganz entschieden der Meinung, daß die Analyse der Motive nicht exklusiv eine Sache der Psychologie sein kann. In meiner Perspektive können normative Muster oder Werte keineswegs eine Motivtheorie *substituieren*, sie sind aber Elemente eines Handlungssystems, die in eine Motivtheorie *eingehen* müssen. Was nun Ihre Unterscheidung von zwei Motivtypen angeht, so bringt offensichtlich jener, den Sie »Um-zu-Motiv« nennen, für meine Theorie keinerlei Schwierigkeiten. Tatsächlich glaube ich, daß Sie damit etwa das meinen, was ich einen Zweck nenne, ein Begriff übrigens, der sich mit dem des Wertes überschneidet. Ich bin fast versucht zu sagen, daß in meiner Perspektive ein Motiv nicht einen künftigen Zustand darstellt, sondern vielmehr eine subjektive Antizipation eines solchen Zustands. Und keineswegs alles in einer konkreten Antizipation hat motivationale Bedeutung, sondern nur jene Elemente, die vom Handelnden gewünscht werden und ohne dessen Handeln nicht sein würden. Man kann m. E. nicht sagen, daß ich dieses Motivationselement außer acht gelassen hätte, sieht man von den Wortunterschieden einmal ab. So scheint es mir, daß ich lediglich andere Worte benutze; aber die Substanz dessen, worauf Sie hinweisen, ist in meiner Analyse enthalten.

Was Sie nun »Weil-Motiv« nennen, ist für mich Quelle weit größerer Schwierigkeiten. Ich verstehe sicherlich nicht alle Implikationen des Begriffs, so wie Sie ihn verwenden; aber aufs Ganze gesehen, springt zweierlei ins Auge. Erstens würde ich selbst niemals die kognitive Interpretation bereits vergangenen Handelns ein Motiv nennen. Ganz im Gegenteil würde ich sie als Teil der »Situationsdefinition« in W. I. Thomas' Sinne auffassen. Natürlich sehen wir uns der Schwierigkeit gegenüber, daß wir »Situationen« nicht einfach als gegeben hinnehmen können; um ihre Beziehung zum Handeln verstehen zu können, müssen wir wissen, wie sie vom Handelnden definiert werden. Dabei mögen sich Irrtümer, Verzerrungen usw. einschleichen und eine gewisse Rolle spielen. Aber diese Elemente würde ich niemals als Motive im normalen Wortsinn bezeichnen. Im übrigen ziehe ich sie in meinem Buch in Betracht, speziell in den Teilen, die sich mit Max Webers Religionssoziologie beschäftigen. Dort wird ja gerade der Rationalisierung religiöser Ideen die Funktion zugeschrieben, die Situation zu definieren, in der Motive wirksam werden. In diesem Zusammenhang würde der Motivbegriff dem sehr nahekommen, was Weber »Interessen« nennt.

Das zweite mir auffallende Problem liegt in der Frage, wieweit die von Ihnen getroffene Unterscheidung zwischen Handlungsentwurf und rückblickender Interpretation vergangenen Handelns für meine Zwecke analytische Bedeutung hat. Die Unterscheidung selbst kann ich ohne Schwierigkeiten akzeptieren; und ebenso sehe auch ich gewisse Hindernisse, die einer präzisen und konsistenten Formulierung von Handlungszielentwürfen entgegenstehen, wie sie bei einem Rückblick nicht vorliegen. Aber ich vermute, daß unsere Interpretationen der Vergangenheit ebenso schwerwiegenden Verzerrungen ausgesetzt sind wie diejenigen der Zukunft, etwa bezüglich der Unabwendbarkeit dessen, was sich bereits ereignet hat. Obwohl ich zweifeln muß, diesen Teil Ihres Arguments hinreichend verstanden zu haben, vermute ich stark, daß meine Überlegungen im Zusammenhang der Rationalitätsdiskussion hierher gehören, d. h. daß Ihre, für meine Begriffe unhaltbare Antithese zwischen naivem Commonsense und wissenschaftlichem Wissen hier hereinspielt. Für mich bestehen weit engere Beziehungen zwischen unseren Sinninterpretationen von Zukunft und Vergangenheit, als das für Sie der Fall zu sein scheint. Natürlich gibt es in beiden Zusammenhängen enorme Unterschiede in der Präzision, Konsistenz, der Selbstbewußtheit usw.

Ganz sicherlich können Sie mir nicht die Vernachlässigung der Tatsache vorwerfen, daß Motive in – wie Sie sagen – »großen subjektiven Systemen« organisiert sind. Denn genau diese Idee habe ich zur Abgrenzung von der utilitaristischen Theorie durchgängig hervorgehoben. Die Frage danach, was Sie »ausschließlich subjektive Systeme« nennen, muß ich noch einen Augenblick zurückstellen. – Sie halten es für einen Vorteil Ihrer Position, den Fallstricken einer Metaphysik letzter Werte und letzter Zwecke zu entgehen. Ich bin ganz sicher, daß Sie hier meine Verwendungsweise dieser Begriffe mißverstanden haben. Diese Fragen werden von mir nicht auf einer metaphysischen Ebene gesehen, sondern relativ zur Struktur eines bestimmten Handlungssystems. So wie ich die Begriffe verwende, kann gar kein Zweifel bestehen, daß ein metaphysisches Problem *nicht* angeschnitten ist. Ihre Frage eines Übergangs bei Verschiebungen von einschlägiger Relevanz und Aufmerksamkeit wirft für mich offenbar keine ernsthaften

Schwierigkeiten auf. Ich bin gerne bereit zuzugestehen, daß Motivsysteme Veränderungen in der Zeit unterliegen. Was ich aber nicht zugestehen kann, ist: daß Werte und Zwecke nur vorübergehende Bedeutung für einen bestimmten Augenblick im Lebensprozeß haben sollen. Sicherlich ist die Frage nach dem relativen Gewicht von orientierungsstabilisierenden Elementen einerseits, der Entwicklung und mehr oder weniger zufälligen Verschiebung andererseits, sehr kompliziert, aber fraglos gibt es sowohl auf der Ebene der Persönlichkeit als auch auf der der Sozialstruktur kontinuitätssichernde Elemente, die Ihr Argument unberücksichtigt läßt. Ich stelle daher entschieden in Abrede, daß das von mir entwickelte Begriffsschema nur auf einen bestimmten, eng begrenzten Zeitpunkt anwendbar wäre.

Schließlich sagen Sie auf S. 49, daß die Werke Durkheims, Marshalls, Paretos und Webers als Beschreibungen von Motivsystemen in Ihrem Sinne angesehen werden können. Was Sie nicht durch ein einziges Beispiel zeigen, ist, wieweit das zutrifft und – vor allem – welcher bedeutsame Unterschied sich auf der Basis Ihrer, im Unterschied zu meiner Interpretation der Autoren ergeben würde. Darin sehe ich ein schlagendes Beispiel für Ihre Tendenz, empirischen Problemen auszuweichen. Könnten Sie für einen einzigen Punkt zeigen, daß ich auf der Basis Ihrer Kritik zu radikal anderen Schlußfolgerungen genötigt wäre, so wäre das für mich eine äußerst wertvolle Kritik. Sie aber behaupten nur, daß Ihre Analyse empirisch anwendbar sei. Aber Sie versuchen nirgends, den Nachweis zu führen.

Zur Frage nach den Grenzen der Akteinheit nur einige Worte. Allgemein gesehen ist Ihre Analyse völlig korrekt, insbesondere wo Sie sagen, daß die Akteinheit nicht eine irgendwie natürliche Gegebenheit darstellt, daß vielmehr das, was wir als Akteinheit behandeln, operational bezogen ist auf ein vorliegendes Problem. Ich meine, das selbst hervorgehoben zu haben. Wo ich Ihnen nicht mehr zu folgen vermag, ist Ihre Auffassung, daß es eine irgendwie natürliche oder reale Unterteilung des kontinuierlichen subjektiven Erlebnisstromes gäbe, so daß diese Fragen quasi automatisch entscheidbar würden, legte man nur wirklich entschlossen die »Perspektive des Subjekts« zugrunde. Nicht einen Schritt vermag ich Ihrer Ansicht zu folgen, daß die Unterteilungen solcher Systeme in einem natürlichen Sinn im Bewußtsein des Handelnden präsent sind, einem Beobachter aber unzugänglich bleiben. Zweifellos gibt es viele Fälle, in denen ein Beobachter mit geeigneten Fähigkeiten und Möglichkeiten in der Lage ist, in vielerlei Hinsicht sehr viel mehr über einen Handelnden zu wissen, als dieser über sich selbst weiß. Darüber hinaus ist all das, was ein selbstbewußter Handelnder über sich selbst weiß, keineswegs eine irgendwie unmittelbare Reflexion über eine ontologisch gegebene Realität, sondern ist genauso mediatisiert durch ein Begriffsschema, hat also bestimmte Fakten ausgewählt und selektiv organisiert, wie dies auch für das Wissen eines Beobachters über einen anderen gilt. Wenn es überhaupt etwas gibt, was die Erfahrungen der Psychoanalyse mit den Beziehungen zwischen dem bewußten Ego, dem Unbewußten und dem Vorbewußten bewiesen hat, dann ist es dies. Ein bemerkenswertes Beispiel ist der Nachweis des äußerst hohen Grades der Selektivität der Erinnerung von Erfahrungen, besonders solchen in der Kindheit. Jede Möglichkeit, einige (freilich nicht: alle) dieser Schwierigkeiten zu überwinden, ist von ganz gleicher Art wie jener Prozeß, in dem ein selbstbewußter Wissenschaftler beim Verstehen eines anderen die Art von Schwierigkeiten überwindet, die dem Commonsense eigen sind. Jede Art phänomenologischer Reflexion auf die eigene Erfahrung bewegt sich, wie ich meine, in dieser Hinsicht auf der gleichen allgemeinen Ebene wie die Psychoanalyse. Ich vermag nicht zu sehen, wie sie uns ein vollständiges und unverzerrtes Bild der Subjektivität liefern könnte. Sie kann lediglich *bestimmte* Quellen der Verzerrung beseitigen und *bestimmte* Fakten aufdecken. Die strategische Relevanz des Begriffs »Akteinheit« liegt bei meiner Theorie nicht anders als die der Grundeinheiten anderer Systeme. Unter dem Gesichtspunkt des Alltagsverständnisses ist ein physischer Körper oder – technisch ausgedrückt: – ein »Partikel« natürlich nichts anderes als ein räumlich unterscheidbares »Ding«. Aber für die technischen Zwecke der Mechanik ist ein Partikel etwas, das Bezugspunkt möglicher Operationen ist. So sprechen wir im Bezugsrahmen einer Theorie des Sonnensystems von der Erde als einem Partikel. Zur gleichen Zeit sind wir uns aber völlig der Tatsache bewußt, daß sich die Erde aus einer unendlichen Zahl verschiedener Partikel zusammensetzt: dieser Unterteilungsprozeß kann unendlich fortgesetzt werden. Was ein Akt ist, was der Prozeß ist, bestimmte Zwecke und Ziele zu verfolgen, ist nicht etwas, was dem Beobachter, aber auch nicht dem Handelnden, ontologisch eindeutig gegeben sei; es ist vielmehr jener Sektor des Phänomens, für den es sich als operational fruchtbar erwiesen hat, ihn für gegebene Zwecke als Einheit zu behandeln.

An dieser Stelle möchte ich zwei Bemerkungen einfügen. Auf S. 54 sagen Sie, daß all dies nur dem Wissen des Handelnden selbst zugänglich ist, »...denn der Beobachter hat keinen anderen Zugang zur Handlung eines anderen als das einmal vollzogene Geschehen.« Hier meinen Sie offenbar: physisch beobachtbares, äußeres Verhalten. In dieser Frage unterscheiden wir uns fundamental. Abgesehen von der Beobachtung des äußeren Geschehens verfügt ein Beobachter über eine große Anzahl von Phänomenen, die wir als symbolischen Ausdruck der Bewußtseinslage des Handelnden interpretieren. Darunter bilden sprachliche Ausdrücke der verschiedensten Art fraglos die wichtigste Gruppe. Aber sie sind nicht auf Sprache allein beschränkt, sondern schließen alle Arten der Ausdrucksgesten ebenso ein wie Aspekte des Handlungskontextes. Darüber hinaus wird ein großer Anteil äußerer Akte wie etwa rituelle Handlungen viel eher in symbolischem Kontext interpretiert als im Rahmen eines Zweck-Mittel-Schemas. Das Wissen um das Leben einer bestimmten Person, das Gegenstand einer psychoanalytischen Fallgeschichte wird, bezieht sich nur zum geringsten Teil auf Beobachtungen des äußeren Verhaltens. Es setzt sich vielmehr überwiegend zusammen aus Interpretationen sprachlicher Ausdrücke, sichtbar werdenden Gefühlen, wiedererschlossenen Erinnerungen usf. Und selbst äußere Akte werden ja nicht beschrieben und interpretiert im Bezugsrahmen physischen Geschehens, sondern im Handlungsbezugsrahmen selbst. Hier haben wir es mit einem der wichtigen Aspekte von Max Webers Begriff des »aktuellen Verstehens« zu tun: Wie Sie sich erinnern werden, faßte Weber das »Greifen nach der Türklinke, um die Tür zu schließen« als *Beschreibung*«, nicht als Interpretation von Motiven auf.

Damit steht die Frage verschiedener Abstraktionsebenen, auf denen wir mit Beobachtungen umgehen, im engen Zusammenhang. Wie ich sogleich noch ausführen werde, gibt es Grund zu der Annahme, daß wir niemals und nirgends eine vollständige Beschreibung objektiver Phänomene erreichen können. Die größte Annäherung findet man wohl in einer vollständigen psychoanalytischen Fallgeschichte. Aber um hinreichend verläßliches Wissen über ein Handeln zu erreichen, ist es nicht notwendig, derart detailliertes Wissen über die Persönlichkeit und Motive eines Handelnden zu kontrollieren. Auf einer anderen Ebene könnte man sehr wohl über ein Detailwissen verfügen, das ausreicht, um die relativ konkreten persönlichen Beziehungen zwischen Menschen in einer bestimmten Situation – etwa den Mitgliedern eines Universitätsdepartements – angemessen zu verstehen. Auf wieder anderer Ebene wäre es möglich, sich nur mit bestimmten Aspekten oder Sektoren des Lebens eines Individuums zu beschäftigen, die strukturell von Bedeutung sind, auch wenn man nicht in der Lage ist, irgend etwas über die besonderen Motive in speziellen Situationen zu sagen. Zum Beispiel bin ich in meiner Untersuchung der medizinischen Praxis in der Lage, eine ganze Menge über jene Muster zu sagen, die das Handeln von Ärzten bestimmen, ohne die besonderen Beziehungen in spezifischen Situationen hinreichend untersucht zu haben, um diese Situation angemessen diagnostizieren zu können. Ich meine, daß unsere Lage hier logisch analog ist zur Behandlung der Bewegungen der Himmelskörper in der Astronomie, die zu diesem Zweck auch nicht die Kompositionsdetails jedes einzelnen Planeten und Sternes untersuchen muß.

Mein zweiter Punkt bezieht sich auf Ihre Behauptung auf S. 55, daß die Trennlinie zwischen Zwecken und Bedingungen eines Aktes ausschließlich vom Handelnden selbst gezogen werden könnte, weil das, was der Handelnde als Mittel betrachtet, tatsächlich unter die Bedingungen zu rechnen sein könnte und umgekehrt. Für die Beurteilung der Rationalität einer Handlung sei es daher notwendig, das Wissen des Handelnden am besten verfügbaren wissenschaftlichen Wissen zu messen. Diese Ihre Formulierung berücksichtigt aber das wesentliche Element der Relativität in Handlungssituationen nicht. Um ein Beispiel aus der Medizin zu nehmen: Ich habe gerade in einer Biographie über Sir William Osler gelesen, daß dieser die Anwendung von zu seiner Zeit bekannten Medikamenten bei der Behandlung von Pneumonie ablehnte und der Meinung war, man müsse der Krankheit ihren Lauf lassen. Seit seiner Zeit wurde nun ein Medikament, Sulfapyridin, erfunden, das dem Fortschreiten der Pneumonie entscheidend Einhalt gebietet. Ich würde Oslers Verhalten niemals irrational nennen, weil er die Anwendung dieses Medikaments nicht empfahl. Das entscheidende Kriterium ist sicherlich, welches Wissen vom Handelnden in einer bestimmten Situation *erwartet* werden konnte. Was erwartet werden kann, ist natürlich relativ zu Zeitumständen und kultureller Situation. Und umgekehrt würde ich auch keine große Mühe darauf verwenden, um Irrtümer in gemeinhin als selbstverständlich angesehenen Vorstellungen aufzudecken, die für niemanden in der Situation des Handelnden als Kriterium der Rationalität in Frage gekommen wären. Mir scheint, daß wir es hier mit einer pragmatischen Schwierigkeit zu tun haben, wie sie bei der empirischen Anwendung jedes Begriffsschemas auftauchen, nicht aber mit einer grundsätzlichen Schwäche meines speziellen Schemas, wie Sie es sehen wollen. Ich möchte an dieser Stelle nur noch anmerken, daß ich ganz sicher bin, das biologische Individuum, den Organismus, als Abstraktion in ganz gleichem Sinne behandelt zu haben, wie auch »der Handelnde« eine Abstraktion ist.

Ich möchte mich nun der Frage der objektiven und der subjektiven Perspektive zuwenden. Ich bin nun tatsächlich der Meinung, daß es mir schließlich und endlich gelungen sei, den Unterschied zwischen uns in dieser Frage auf den Punkt zu bringen. Was Sie meinen, ist für mich wesentlich eine ontologische Realität, nämlich: was ein konkreter, realer Handelnder »tatsächlich« erfährt. Aus guten Gründen bleibe ich gegenüber der Leistungsfähigkeit Ihrer Analyse (wie auch anderer vorliegender Versuche) skeptisch, die vorgibt, irgend etwas erreichen zu können, das einer definitiven Beschreibung einer solchen Realität nahe kommt. Ich muß leider gestehen, daß ich den Möglichkeiten der Phänomenologie skeptisch gegenüberstehe. Aber mag es damit stehen, wie es will: Womit ich mich beschäftige, ist etwas ganz anderes. Mich interessiert ein Kategorienschema für die Beschreibung und Analyse des empirischen Phänomens menschlichen Handelns, Kategorien also, die einen Bezugsrahmen bilden, der die gleiche Bedeutung hat und in gleicher Weise angewendet wird, wie das mit einem Bezugsrahmen in jeder empirischen Wissenschaft zu sein pflegt. Für mich ist der Gegensatz, den Sie zwischen subjektiver und objektiver Perspektive zeichnen, kein realer. Für mich existiert nichts dergleichen wie ein Korpus des Wissens oder der wissenschaftlich relevanten Erfahrung, der die »reine« subjektive Perspektive repräsentieren könnte. Subjektive Phänomene haben nur insoweit Bedeutung, als sie von einem Beobachter beschrieben und analysiert sind. Meines Erachtens bedeutet »subjektiv« die Ordnung relevanter Tatsachen bezüglich eines bestimmten Bezugspunktes, der für unsere Wissenschaft genauso charakteristisch ist wie der cartesianische »Ursprung« für die klassische Mechanik. Wie dort jede Behauptung einer physikalischen Tatsache auf einen oder mehrere Körper bezogen werden muß, die in einem Koordinatensystem lokalisiert werden können, so muß im Rahmen der Handlungstheorie jede Tatsachenaussage auf einen oder mehrere Handelnde als Einheiten bezogen werden können, die zwar nicht in räumlichen Koordinaten lokalisiert sind, aber bestimmte Eigenschaften haben. Um welche Eigenschaften es sich dabei handelt, ist eine Frage der »spezifisch subjektiven Kategorien«, die in das System eingehen – Handelnde haben Ziele, Wissen, Überzeugungen, Gefühle usw. Der Bezugsrahmen und das Kategoriensystem konstituieren ein deutlich konturiertes System, dessen Grundzüge auszuarbeiten ich anhand bestimmter Begriffe versucht habe. Empirische Tatsachen, die im Rahmen dieses Kategoriensystems festgestellt, organisiert und analysiert werden, sind immer der Logik des Verfahrens nach Beobachtungen und Feststellungen eines Beobachters. Ihre Verifizierbarkeit ist immer gebunden an bestimmte Operationen, die wir mit bestimmten Arten und Objekten unserer Erfahrung vollziehen, darunter insbesondere mit äußeren Akten und symbolischen Ausdrucksformen. Das Lesen dieses Briefes in der Absicht zu verstehen, was ich meine, ist im methodologischen Sinne genauso eine *Operation* wie die Vermessung eines Geländes. Was wir mit dem Ausdruck »Bewußtseinszustand« eines Handelnden meinen, ist nichts anderes als der einheitliche Bezugspunkt möglicher Tatsachenaussagen, zu denen wir auf diese Weise kommen. Er ist genausowenig eine ontologische Realität, wie die Partikel der klassischen Physik es sind oder das Wellensystem bestimmter Versionen der Quantenmechanik.

Die Frage reflektiver Beobachtung scheint mir einfach eine bestimmte Komplikation nach sich zu ziehen. Wie ich es sehe, bestätigt all das, was Sie über den *alter ego* sagen, meine allgemeinen Ansichten dazu. Es ist richtig, daß wir im allgemeinen ein Begriffsschema in Termen eines Beobachters A formulieren, der Handlungen eines anderen Handelnden B beobachtet und interpretiert. Aber das ist im methodologischen Sinne nicht mehr entscheidend als beim Prototyp der astronomischen Beobachtung, bei der ein Beobachter auf der Erde einen anderen Körper, etwa die Sonne, beobachtet. Der Beobachter auf der Erde könnte auch versuchen, die korrespondierenden Eigenschaften auf der Erde selbst zu beobachten, obwohl das mit einigen technischen Schwierigkeiten verbunden wäre. Tatsächlich gewinnt er die Kenntnis über diese korrespondierenden Eigenschaften im wesentlichen aufgrund von

Beobachtungen der Beziehungen zwischen Eigenschaften auf der Erde mit solchen auf anderen Körpern ähnlicher Natur. Ganz entsprechend, meine ich, ist der größte Teil unseres Wissens über uns selbst von unserem Wissen über Beziehungen zu anderen Akteuren abgeleitet. So vermag ich keinen Grund dafür zu sehen, daß ein durch Selbstreflektion erworbenes Wissen der ontologischen Realität in irgendeiner Weise näher kommt als das Wissen, das wir aus der Beobachtung des Handelns anderer gewinnen. Dagegen habe ich allen Grund zu glauben, daß wir in beiden Fällen dasselbe fundamentale Begriffsschema benutzen. Für diesen Sachverhalt gibt es methodologische Gründe; aber es gibt auch empirische Gründe, wie man unserem Wissen über den Sozialisationsprozeß von Kindern entnehmen kann oder unserer Kenntnis davon, wie sehr das Selbstbewußtsein eine Funktion sinnvoller Beziehungen mit anderen ist. Ich brauche hier nur auf die Arbeiten von George H. Mead und Jean Piaget zu verweisen.

Ihrer Ansicht über den Behaviorismus kann ich nur zustimmen. Ich glaube nicht, daß Sie mich zum Behavioristen stempeln wollten, aber was Sie auf S. 60-62 referieren, gibt ebensowenig meine Position wieder. Um den fundamentalen Unterschied zwischen uns ganz klar zu machen: Ich halte die Unterscheidung, die Sie zwischen einer solcherart unmittelbaren Position und jener anderen, von der Sie sagen, sie berücksichtige nicht, was die Sozialwelt für den Handelnden bedeute, für in ihrem Wesen unrealistisch. Meine Position fällt sicherlich nicht zusammen mit der bestimmter Schulen des ökonomischen Denkens, das sich auf die Analyse solcher Dinge wie Indifferenzkurven beschränkt und behauptet, auf diese Weise die Problematik des Nützlichkeitskonzepts überwunden zu haben. Das kommt nämlich dem Behaviorismus sehr nahe, ja es muß, konsequent zu Ende gedacht, im Behaviorismus enden. Demgegenüber halte ich beharrlich an der subjektiven Perspektive fest; allerdings tue ich dies in der Form subjektiver Kategorien im Rahmen eines Begriffsschemas, nicht aber als Versuch zu ermitteln, was diese subjektive Sozialwelt »wirklich« ist. Subjektive Kategorien in diesem Sinne sind nämlich m. E. in jeder Beschreibung sozialer Phänomene impliziert, die nicht ausschließlich mit biologischen oder physikalischen Termen operiert. So kann ich auch Ihrer Ansicht nicht zustimmen, daß von den vier Schemata, die Znaniecki vorgeschlagen hat, jene für soziale Gruppen und soziale Beziehungen objektiv und jene für Handeln und Persönlichkeit subjektiv zu nennen sind. In dem Sinne, den ich klarzumachen versucht habe, sind alle vier sowohl objektiv als auch subjektiv. Von dieser sehr allgemeinen Basis aus scheint sich mir die ganze Frage als eine solche nach spezifischen theoretischen Detailproblemen zu stellen. Natürlich halte ich meine eigenen Formulierungen dazu keinen einzigen Moment für endgültig. Sie unterliegen fraglos fortgesetzter Modifizierung und Ausarbeitung. Mir scheint allerdings Ihre Position für eine solche Revision wenig fruchtbar.

Vielleicht sollte ich hier wenigstens andeuten, wie eine sorgfältige und konsequente Verwendung solcherart subjektiver Kategorien ganz bestimmte empirische und theoretische Schwierigkeiten der klassischen Theorie aufdeckt. Für das, was ich hier meine, ist die Unfähigkeit der klassischen Mechanik, mit dem Problem der Radioaktivität fertig zu werden, ein Beispiel. U. a. deren Entdeckung führte zu weitreichenden theoretischen Rekonstruktionen, die zumindest das negative Resultat hatten, daß man auf der Mikroebene nicht länger von einem System von Atomen ausgehen konnte, jedenfalls dann nicht, wenn man sie im Sinne der klassischen Mechanik als Partikel und ihre Beziehungen als Bewegungen von Körpern versteht. In analoger Art meine ich gezeigt zu haben, daß eine Reihe von Tatsachen, die seit Marshall, Durkheim und Weber in den Zusammenhang der Entwicklung eines freien Marktsystems gehören, mit dem utilitaristischen Erklärungsschema unvereinbar sind, das noch heute unsere Alltagsinterpretationen dieser Phänomene beherrscht. Es könnte natürlich sein, daß wir bereits heute über ein Tatsachenwissen verfügen, das für den Nachweis notwendig wäre, meine Handlungstheorie sei obsolet, wie es die klassische Mechanik in Zeiten der Quantenphysik für die Atomforschung ist. Aber das könnte nur in kritischer Analyse und langfristiger Forschung gezeigt werden. Ich kann hier nur meine persönliche Überzeugung wiedergeben, daß Sie dies in Ihrer Kritik nicht haben zeigen können. Ich neige dazu, sogar noch weiter zu gehen: Mittels des von Ihnen gewählten Verfahrens wären Sie zu diesem Nachweis auch dann nicht in der Lage, wenn das notwendige Tatsachenwissen verfügbar wäre. Ich bin ganz entschieden der Meinung, daß eine solche Diskussion ohne kritische Analyse empirischer Probleme gar nicht geführt werden kann. Wie ich bereits mehrfach gesagt habe, kann ich ganz allgemein vielen Ihrer nicht kritisch gemeinten Formulierungen zustimmen; sie decken sich im wesentlichen mit meinen Ansichten. Aber gerade in diesen Fällen vermag ich ihre Relevanz für mein Hauptinteresse nicht zu sehen: die Entwicklung einer systematischen sozialwissenschaftlichen Theorie in empirischer Absicht. Andererseits scheinen mir praktisch alle Ihre Formulierungen, die – soweit ich sie verstanden habe – implizit oder explizit für diesen Zweck relevant sein könnten, auf inadäquatem Verständnis meiner Argumente zu beruhen.

Dieser natürlich immer mit dem Risiko des Irrtums behaftete persönliche Eindruck wird auf den letzten Seiten Ihrer Ausführungen in bemerkenswerter Weise bekräftigt. Dort entwickeln Sie eine kritische Perspektive, deren logische Folge die radikale Revision des gesamten Unternehmens hätte sein müssen. Sie aber kommen an deren Ende zu Formulierungen, denen ich völlig zustimme. Es trifft natürlich zu, daß die analytischen Begriffe, die wir bei der Bearbeitung von Massenphänomenen benutzen, in hohem Maße abstrakt sind, verglichen mit der Konkretheit, über die wir bei bestimmten Einzelfällen verfügen. Genausowenig wie unser Wissen über die Sonne aus einer Detailanalyse aller Atome, aus denen sie sich zusammensetzt, resultiert, schöpfen wir unser Wissen über menschliches Verhalten aus Detailstudien jedes menschlichen Wesens, das bisher gelebt hat. Sind aber erst einmal generalisierende und abstrahierende Schritte getan, bewegt man sich immer auf einer Ebene, auf der ich im wesentlichen argumentiere. Der einzige wesentliche Unterschied zu mir besteht m. E. darin, daß Sie Begriffe auf dieser Ebene ausschließlich als Idealtypen ansehen. Ich habe bereits in meinem Buch zu zeigen versucht, warum ich diese Ansicht für unakzeptabel halte; heute würde ich darin sogar noch erheblich weitergehen. Es gelingt Ihnen nicht zu zeigen, in welcher Weise die allgemeineren methodologischen Überlegungen, die den größten Teil Ihres Papiers ausmachen, auf die Formulierung und die Verwendung von Begriffen auf dieser Ebene bezogen sind, so daß sich gegenüber meinen Resultaten Differenzen ergäben. Hier klafft in meinen Augen bei Ihnen die entscheidende Lücke. All dies läßt mich am Ende zweifeln, ob die ganze Sache überhaupt die Aufregung wert ist.

Mein Gesamteindruck ist nun, einem Dilemma gegenüberzustehen; oder ist es gar ein Trilemma? Zunächst neige ich der Ansicht zu, daß Ihr Beitrag, allgemein gesehen, zwei Hauptelemente hat:

a) eine Kritik meines Buches, die auf unzureichendem Verständnis meiner Argumente beruht. Diese Schwierigkeit könnte durch gründlicheres Studium eliminiert werden. Ich habe versucht, das im Detail darzulegen.

b) eigene Überlegungen, die sich auf die subjektive Perspektive beziehen. Diese sind unter Gesichtspunkten formuliert, die sich von den meinen recht deutlich unterscheiden. Ich halte sie in dem einfachen Sinne für meine Untersuchung für irrelevant, daß sie, würde man sie übernehmen, keine wesentlichen Modifikationen meiner Theorie nach sich ziehen würden.

So wie ich Ihnen vorhalte, *meine* Position nicht zureichend verstanden zu haben, wäre es natürlich sehr wohl auch möglich, daß die Ursache unserer Schwierigkeiten darin liegt, daß ich *Sie* nicht richtig verstehen kann. Zwar meine ich genügend deutlich gemacht zu haben, daß das nicht die ganze Geschichte sein kann; aber immerhin könnten Mißverständnisse einen Teil unserer Differenzen erklären. Aber wenn dem so ist, bleibt für mich noch immer die weitere Frage offen, ob mein mangelndes Verständnis nicht einfach einem philosophischen Ansatz gilt, der sich mit Fragen beschäftigt, die nicht meine sind. In diesem Fall hätten wir uns nicht gegenseitig kritisiert, sondern ganz einfach über verschiedene Dinge gesprochen. Was meine eigenen Verständnisschwierigkeiten angeht, neige ich immer mehr dieser letzten Ansicht zu. Denn ich habe inzwischen so viele Jahre damit verbracht, mir über die Voraussetzungen und Konsequenzen meiner eigenen Theorie klar zu werden, daß es mir undenkbar erscheint, ich könnte nicht eine Basis finden, auf der gemeinsame Fragen in fruchtbarer Weise geklärt werden können.

Natürlich gibt es noch eine letzte Möglichkeit: Ihre Argumente könnten sich in Bereichen bewegen, zu denen ich keinen Zugang habe, die aber dennoch – aus Gründen, die ich ebenfalls nicht verstehe – tragende Pfeiler meines Systems zum Wanken bringen. Intellektuelle Redlichkeit muß immer mit dieser Möglichkeit rechnen. Alles was ich jetzt dazu sagen kann, ist: Ich glaube nicht daran, ich will aber mein Bestes tun, jedes Ihrer neuen Argumente zu verstehen.

Mit freundlichen Grüßen
Talcott Parsons

5. Alfred Schütz:
Ankündigung einer Replik
(10. 2. 41)

New York, am 10. Februar 1941

Sehr geehrter Professor Parsons

Haben Sie großen Dank für Ihren dritten Brief vom 2. Februar, der am 8. Februar bei mir eintraf.

Ich muß natürlich erst einmal Ihre drei Briefe sehr sorgfältig lesen. Nach eingehender Prüfung aller von Ihnen angeschnittenen Punkte werde ich Ihnen ausführlich antworten. Es könnte sein, daß ich zu dieser Antwort erst in ein paar Wochen komme, da ich z. Z. sehr beschäftigt bin. Natürlich werde ich tun, was ich kann, daß Sie meine Reaktion so bald wie möglich in Händen haben.

Mit freundlichen Grüßen
Alfred Schütz

6. Alfred Schütz:
Über die Notwendigkeit einer Radikalisierung der
Handlungstheorie (17. 3. 41)

17. März 1941

Sehr geehrter Professor Parsons

Nachdem ich Ihre drei langen Briefe sorgfältig gelesen habe, die Sie meinem Papier gewidmet haben, sollte ich wohl einige mir vor allem aus persönlichen Gründen sehr wichtige Bemerkungen machen.

Sie beginnen mit dem Resümee des allgemeinen Eindrucks, den Sie aus meinem Papier gewannen; ich darf daher wohl auch mit meinem Eindruck zu Ihrer Reaktion beginnen. Ich bin, offen gestanden, sehr unglücklich, daß Sie offensichtlich den Geist, in dem ich das Papier – oder besser: die Rohfassung eines künftigen Papiers – geschrieben und Ihnen vorgelegt habe, vollständig mißverstehen. Sie haben darin ausschließlich eine Kritik Ihres Buches erblickt und dabei übersehen, daß es zugleich ein unabhängiger Beitrag zur Diskussion von Fragen zu sein beansprucht, über deren Klärung wir beide viele arbeitsreiche Lebensjahre verbracht haben. Sie unterstellen mir daher durchgängig eine ablehnende Haltung gegenüber Ihrer Position, die mir völlig fern liegt. Natürlich enthält das Papier auch Kritik an einigen Ihrer Ideen, und ich habe nirgends gezögert, deutlich zu machen, wo ich nicht mit Ihnen übereinstimme. Ich meine aber, daß der größte Teil meines Papiers zeigt, wo und wieweit unsere Theorien sich treffen. Dieser entscheidende Punkt ist von Ihnen völlig übersehen worden. So ist es kein Wunder, daß Ihnen einige »Punkte, so wie sie formuliert sind, ganz plausibel« erscheinen, Sie sich dennoch immer wieder zu der Frage gedrängt fühlen »Was weiter?« oder daß für Sie vieles von dem, was ich sage, »ganz richtig ist, wenn man es als etwas anderes ansieht, denn als Kritik (Ihres) Buches«. Ich meine, hier könnten wir sehr wohl eine gemeinsame Basis für weitere und fruchtbare Diskussionen finden, vorausgesetzt, daß Sie im gleichen Maße an meinen Problemen interessiert sind wie ich an den Ihren und vorausgesetzt, daß Sie nicht an der intellektuellen Redlichkeit meiner Argumente zweifeln. Ich hoffe zutiefst, daß Sie, wenn schon nicht von der Relevanz meiner Argumente, so doch zumindest von der Loyalität und Redlichkeit meiner Einstellung Ihrer Person wie Ihren Ideen gegenüber überzeugt sind. Von Natur aus und meinem Temperament entsprechend neige ich immer dazu, sowohl im Alltag wie in der Wissenschaft eher nach einer Basis gegenseitigen Verstehens zu suchen, als bloß zu kritisieren. Aber selbst wenn es nicht so wäre, müßte ich doch in einer solchen Einstellung die einzig angemessene Haltung einem Mann gegenüber sehen, dessen Werk ich so tief bewundere.

Lassen Sie mich deshalb an die Entstehung meines Papiers erinnern. Ich hatte Ihnen davon erzählt, als ich das Vergnügen hatte, Sie das erste Mal zu treffen und diese Geschichte im Begleitbrief meines Papiers, soweit ich mich erinnern kann, noch einmal angesprochen. Obwohl ich ein Neuling in diesem Lande bin, brauche ich mich wohl auf dem Feld der Handlungstheorie kaum als Neuling zu fühlen. Mein Buch, in dem ich eine systematische Theorie des sozialen Handelns entwickelt habe – so unvollständig und kritikwürdig sie immer sein mag – erschien 1932. Es war dem Buch nicht vergönnt, Ihre Aufmerksamkeit zu erregen. Ich bedauere das sehr. Denn wäre es Ihnen bekannt, hätten Sie einige Haupteinwände gegen meine Grundposition sicherlich nicht erhoben. Das Buch ist das Ergebnis einer zwölfjährigen gewissenhaften Forschung. Seine Prinzipien sind in einem theoretischen System sozialen Handelns integriert, das zwar von einer anderen Perspektive als der Ihren seinen Ausgang nimmt, aber doch auch wie das Ihre, auf die Entwicklung eines theoretischen Schemas in empirischer Absicht zielt. Einige englische Kollegen – die meisten gehören der *London School of Economics* an – hielten meine Ideen für interessant genug, um sie in zusammengefaßter Form 1937 in der Zeitschrift »*Economica*« erscheinen zu lassen.[79] Zugleich luden sie mich zu einem eigenen, englischsprachigen Beitrag ein. Dann erschien Ihr Buch: amerikanische Freunde schickten es mir auf meine Bitte hin Anfang 1938. Ich habe es so eingehend und sorgfältig gelesen, wie es die damaligen Umstände mir erlaubten; mir war sofort klar, wie bedeutend und wertvoll Ihr System ist. Offensichtlich begannen Ihre Überlegungen genau dort, wo mein eigenes Buch endete. Der glückliche Umstand, daß nunmehr ein Buch in englischer Sprache vorlag, das neben einer eigenen, äußerst wichtigen Theorie auch eine großartige Diskussion von Max Webers Soziologie enthielt, legte es für mich nahe, meinen eigenen Aufsatz mit einer Darstellung und Diskussion Ihrer Theorie zu beginnen. Ich machte meinem Freund Prof. Hayek, dem Herausgeber der »*Economica*« einen entsprechenden Vorschlag, und er akzeptierte. Verschiedenes verzögerte immer wieder das Projekt, aber ich habe nicht aufgehört, Ihr Buch zu studieren. Als ich dann vor einem Jahr das Vergnügen hatte, Sie zum ersten Mal persönlich zu treffen, erzählte ich Ihnen von meinen großen Schwierigkeiten, bestimmte Punkte Ihres Systems ganz zu verstehen. Wir kamen damals überein, daß ich meine Fragen in Form kritischer Anmerkungen niederschreiben sollte, die dann sozusagen das Programm künftiger Diskussionen hätten abgeben können. Weiterhin war es die Idee, Hayeks Publikationseinladung noch etwas offen zu halten. Sie wissen inzwischen, daß er mir lediglich 5000 Wörter für eine Darstellung Ihrer wie auch meiner Ideen eingeräumt hat.

Die Sommermonate des vergangenen Jahres habe ich damit verbracht, durch wiederholtes Lesen tiefer und tiefer in Ihre Theorie einzudringen. Dabei fand ich neue und interessante Argumente, in denen wir übereinstimmen, aber auch solche, in denen wir andere Wege gehen. Was ich bei dieser Arbeit niederschrieb, ergab schließlich nicht 5000, sondern 25 000 Wörter. Dieses monströse Papier war natürlich ganz wertlos, und zur Klärung meiner eigenen Ideen war ich dabei noch nicht einmal gekommen. Lediglich den ersten Teil, der die Darstellung Ihrer Theorie enthält, habe ich dreimal umgeschrieben. Dabei habe ich mich bemüht, Ihre Ausdrucksweise soweit wie möglich beizubehalten; Sie haben sicherlich bemerkt, daß die ersten 12 Seiten nichts anderes sind als eine Zusammenfassung der Kernpunkte Ihrer Theorie in Ihren eigenen Worten. (Natürlich sind dadurch Mißverständnisse meinerseits keineswegs ausgeschlossen; und wo sie auftreten, werden sie durch dieses Verfahren auch nicht entschuldigt.) Als ich damit zu Ende war, hätte ich die ganze Sache vielleicht noch einmal überarbeiten sollen. Schließlich aber hielt ich es für ratsam, Ihnen das Manuskript, so wie es war, vorzulegen, um endlich die Basis für eine Diskussion verschiedener Aspekte Ihrer Theorie zu finden, die mir noch nicht völlig klargeworden waren. Darin sah ich den vernünftigsten Weg, bestimmte Verständnisschwierigkeiten auf meiner Seite zu überwinden. Ich ging sogar noch einen Schritt weiter. Als ich den ersten Manuskriptteil noch einmal umschrieb, fügte ich noch einiges hinzu, das mit dem nachfolgenden Argument nicht im Zusammenhang stand. Ich tat dies allein, um Ihre Reaktion herauszulocken und so feststellen zu können, ob meine Interpretation Ihrer Theorie richtig oder falsch war. Obwohl ich diese Art des Vorgehens, Ihnen eine Art »Fragebogen« in Form kritischer Anmerkungen vorzulegen, im Begleitbrief meines Manuskripts eingehend erläutert hatte, ist es Ihnen entweder entgangen, oder Sie mochten ihm nicht zustimmen. Daher nehmen Sie mein Manuskript nicht als das, was es ist: die Rohfassung einer Darstellung Ihres Denkens, das von einem interessierten Sympathisanten, der auf Erläuterungen aus ist, dem Autor persönlich, nicht aber der Öffentlichkeit vorgelegt wird. Vielmehr sehen Sie darin eine bereits veröffentlichte Kritik. Anders könnte ich mehrere Ihrer Formulierungen nicht verstehen, z. B. am Ende der ersten Seite Ihres ersten Briefes.

Aber genug der persönlichen Bemerkungen! Ich halte all dies im Prinzip für selbstverständlich und hoffe sehr, daß das Vorstehende den Eindruck wird korrigieren können, der sich bei Ihnen bezüglich meiner Intentionen im fraglichen Manuskript offenbar gebildet hat. Daß ich dennoch diesen Erklärungen soviel Raum widme, mag Ihnen zeigen, wie sehr mir am Ausräumen von Mißverständnissen zwischen uns liegt – insbesondere, was die persönlichen Beziehungen betrifft.

Ich wende mich nun dem allgemeinen Kommentar Ihres ersten Briefes zu. Wie ich schon sagte, habe ich weder erwartet, noch intendiert, Sie durch meine kritischen Anmerkungen zu einer tiefgreifenden Revision Ihrer Theorie zu veranlassen. Da ich der Meinung bin, in den meisten Fällen mit den Grundzügen Ihres Denkens mich in Übereinstimmung zu befinden, könnte ich es sogar bedauern, wenn Sie sich, aus welchen Gründen auch immer, zu einer Modifikation dieser Grundzüge veranlaßt sähen. Selbst wenn also meine sogenannte Kritik nicht durch jene Fehler belastet wäre, die Sie in ihr finden, könnte ich in meinen Argumenten keinen hinreichenden Grund sehen für eine durchgreifende Rekonstruktion Ihres Werkes. Schließlich habe ich mehrmals in meinem Papier z. B. S. 36 und 74 darauf hingewiesen, daß ich es in der Absicht schrieb, die Diskussion einiger Prinzipien der Sozialwissenschaften fortzusetzen und weniger, um Ihr großartiges Buch zu kritisieren.

Sie kreiden meinem Papier zunächst an, daß es Mißverständnisse Ihrer Ideen enthalte. Das zu hören, überrascht mich nicht; denn es war ein Hauptzweck meines Papiers, meine Interpretationen zu klären. Sie sind sich sicherlich dessen bewußt, daß Ihr Buch nicht leicht zu lesen ist, auch nicht für Leser, deren Muttersprache Englisch ist und die in der anglo-amerikanischen Denktradition groß geworden sind. So kann es sein, daß mir häufig der eigentliche Sinn entgangen ist. Andererseits gehen einige der »Mißverständnisse« auf die Ambiguität Ihrer Ausdrucksweise zurück, andere sollten Ihre Reaktion provozieren, um meine eigenen Überlegungen zu klären. Dies gilt z. B. für jene Stelle, wo ich Ihre Anmerkung von S. 762 Ihres Buches zitiere und von der Interpretation ausgehe, daß der Übergang von der Beschreibung und der Einheitenanalyse zur Elementanalyse darauf hinauslaufe, daß die Kategorien des Handelns analytisch bedeutungslos werden. Offenbar hat diese Stelle Ihr besonderes Mißfallen erregt und Sie reagieren, als hätte ich Ihnen böswillig puren Unsinn unterstellt allein in der Absicht, Sie kritisieren zu können. Ich für meinen Teil war aber gerade an dieser Stelle keineswegs davon überzeugt, Sie wollten sagen, daß die Kategorien des Handelns auf einer bestimmten Ebene der theoretischen Diskussion zu entfallen hätten. Ich wäre Ihnen sehr dankbar, wenn Sie noch einmal die Seiten 762 bis zum ersten Absatz auf S. 764 ganz unbefangen lesen wollten; Sie werden mit mir der Meinung sein, daß der Text zumindest mehrdeutig ist. Für mich besteht die größte Schwierigkeit in der Beziehung zwischen den *kulturellen* Systemen und dem Handeln. Ich stimme völlig mit Ihnen darin überein, daß kulturelle Systeme als *Produkte* von Handlungsprozessen betrachtet werden können. Aber diese Kultursysteme selbst bieten das beste Beispiel für die Möglichkeit von Elementanalysen, in denen Handlungskategorien keine Rolle mehr spielen. Das gilt übrigens ganz allgemein für alle Produkte menschlichen Handelns. Natürlich *kann* man sie immer auch im Bezugsrahmen des Handelns betrachten, es gibt aber eine analytische Ebene, auf der das Handlungselement verschwindet: das ist immer dann der Fall, wenn ich die Produkte des Handelns als solche untersuche, ohne die Akte, deren Produkte sie sind, mit in Betracht zu ziehen. Diese These habe ich selbst in meinen verschiedenen Schriften wiederholt vertreten, Sie dagegen scheinen sie nun ausdrücklich abzulehnen. Meine These besagt, daß alle Handlungswissenschaften eine analytische Ebene erreichen können, wo sie sich ausschließlich noch mit den Objekten befassen, die durch Handlungen eines Akteurs hervorgebracht wurden, ohne auf diesen Akteur und seine Handlungen einzugehen oder mit anderen Worten: wo Handlungskategorien keine Rolle mehr spielen. Wenn das zutrifft – und ich meine, daß es zutrifft! – dann wäre es natürlich völlig gleichgültig, welche Art von Handlungstheorie – ob positivistisch oder voluntaristisch – zur Anwendung kommen soll, da für diese besondere Ebene der Analyse überhaupt keine Handlungstheorie von Nöten ist. Dies ist meine These, und ich hatte gehofft, Sie durch dieses Zitat zur Zustimmung oder Ablehnung provozieren zu können. Leider lehnen Sie sie ab. Andererseits ist dies für die darauf folgenden Argumente meines Papiers ohne Belang, da keines auf dieser These basiert, so wichtig sie für mich selbst in anderen Zusammenhängen auch ist.

Ihrem ersten Brief entsprechend besteht mein zweites Mißverständnis darin, daß ich fälschlich die Einheitenanalyse mit der konkreten Ebene und die Elementenanalyse mit der analytischen Ebene gleichsetze. Sie sagen, daß dies definitiv ein Interpretationsirrtum meinerseits sei, daß vielmehr beide Unterscheidungen ganz unabhängig voneinander zu treffen sind. Ich muß offen bekennen: wenn beide, die Einheitenanalyse und die Elementanalyse sowohl auf der konkreten als auch auf der analytischen Ebene durchgeführt werden können, habe ich Ihre Theorie in einem wesentlichen Punkt mißverstanden. Dann fiele es mir allerdings sehr schwer, die analytische Funktion dieser beiden, von Ihnen unterschiedenen Ebenen zu erkennen. Immerhin könnte ich mir noch vorstellen, wie eine Einheitenanalyse auf der analytischen Ebene aussehen könnte: für mich bestünde sie darin, einen idealtypischen Akt in seine typischen Aspekte zu zerlegen; dazu würde dann auch ein typischer Handelnder gehören. Völlig unklar bliebe aber für mich, wie man eine Elementanalyse auf einen konkreten Akt anwenden kann. Oder soll ich das so verstehen, daß Sie mit der gegenwärtigen Anwendbarkeit beider Analyseformen auf beiden Abstraktionsebenen nur Ihre Zustimmung zu *meiner* Ansicht (S. 39) ausdrücken wollten, daß nämlich die Elementanalyse als auch die Einheitenanalyse auf jeder Ebene der Konkretion durchgeführt werden können? Dann aber hätten wir sehr sorgfältig zu diskutieren, was Sie mit dem Begriff »Ebene« meinen, der m. E. ausschließlich von den analytischen Methoden abhängt, die man für seine Klärung verwendet.

Was das dritte Mißverständnis betrifft, auf das Sie zu Beginn Ihres Briefes hinweisen, so kann ich nicht sehen, mit welchen Worten ich Ihnen die Ansicht unterstellt haben soll, daß ein rational Handelnder *ausschließlich* an der wissenschaftlichen Verifizierbarkeit seines Situationswissens orientiert wäre. Ich habe vielmehr auf S. 28 und 29 Passagen Ihres Buches (vgl. dort S. 81 ff.) zitiert, aus denen hervorgeht, daß dies nicht Ihre Auffassung ist. Dennoch bildet es ein integrales Element Ihres Rationalitätsbegriffs, daß eine Handlung nur dann rational zu nennen ist, wenn ein Handelnder aus Gründen handelt, die einer positiven, empirischen Wissenschaft verständlich und verifizierbar sind, und wenn Rationalität nicht allein unter Bezugnahme auf wissenschaftlich verifizierbare Gründe definiert wird, gibt es, Ihrer Definition entsprechend, überhaupt keine Rationalität, wenn solche Verifizierbarkeit völlig fehlt.

Ihre zweite Reaktion auf mein Papier fassen Sie in der Ansicht zusammen, wir seien an ganz anderen Problemen interessiert: Während Sie auf ein System einer allgemeinen wissenschaftlichen Theorie zielen, rechnen Sie die von mir untersuchten Probleme eher der Methodologie und der Epistemologie zu. Ich glaube nicht, daß ein solcher Unterschied in unseren Zielen tatsächlich besteht. Wenn überhaupt, liegen hier terminologische Differenzen vor, nicht solche des Denkens. Ich fürchte, daß die Begriffe »Methodologie« und »Epistemologie« hierzulande in einem sehr viel engeren Sinne gebraucht werden als ihre Äquivalente im Deutschen. Ich habe sie auch nur deshalb benutzt, weil ich keine bessere Übersetzung für »Wissenschaftslehre« finden konnte, und dieser Begriff umfaßt sowohl die logischen Probleme einer wissenschaftlichen Theorie als auch Methodologie im engeren Sinne. In meinen Augen behandelt sowohl Ihr Buch wie auch meines (und auch mein Papier) solche Probleme einer Wissenschaftslehre der Sozialwissenschaften. So gehört für mich z. B. die Diskussion der subjektiven Perspektive im Schema des Handelns genauso als wesentlicher Teil zu einer wissenschaftlichen Theorie der Sozialwelt wie andere Fragen auch. Für mich hat demnach der Begriff »Methodologie« nichts Einschränkendes und schon gar nichts Abwertendes an sich. Und ich bin der Erste, der anerkennt, daß eines der großen Verdienste Ihrer Untersuchung gerade darin besteht, eine »Wissenschaftslehre« der Sozialwissenschaften zu entwerfen, die von bestimmten und entscheidenden Problemen der Interpretation und Generalisierung empirischer Phänomene ihren Ausgang nimmt. In meinen Augen liegt der Schwerpunkt beider Untersuchungen – Ihrer und meiner – darin, ein theoretisches System für die Fundamentalwissenschaft der Sozialwelt – nämlich: die Wissenschaft vom sozialen Handeln – zu entwerfen.

Das führt mich zu Ihrer dritten allgemeinen Bemerkung über die Beziehung zwischen der Philosophie und einer solchen Theorie der Sozialwelt. Hier sollte ich vielleicht einige autobiographische Anmerkungen machen. Ich habe meine wissenschaftlichen Versuche nicht als Philosoph oder Logiker begonnen, wenngleich solche Probleme seit meinen frühesten Studententagen mein tiefstes Interesse hervorgerufen haben. Vielmehr kam ich von den sehr konkreten Problemen der Nationalökonomie und der Rechtstheorie her. Mir wurde aber bereits sehr früh deutlich, daß die Theorien dieser Disziplinen wissenschaftlich nicht entfaltet werden können, ohne sich auf eine wissenschaftliche Untersuchung der Struktur der Sozialwelt einzulassen, d. h. ohne eine allgemeine Theorie des sozialen Handelns vorauszusetzen. Ich fand andererseits, daß nur sehr wenige Gelehrte, etwa Max Weber und Pareto, diese Probleme in einer hinreichend radikalen Weise gesehen haben und daß auch sie sich ihre logischen Werkzeuge erst haben schaffen müssen. Meine große Bewunderung für ihr Werk hat mich aber nicht gehindert zu sehen, daß einige ihrer Grundannahmen ungeklärt geblieben und zuweilen mit bestimmten Ergebnissen der modernen Philosophie und Logik unvereinbar waren. Das ist der Grund, daß ich mich der Philosophie Bergsons und Husserls zuwandte in der Hoffnung, dort die Werkzeuge für die Bearbeitung sehr konkreter

Probleme der Sozialwissenschaften zu finden. Persönlich muß ich sagen: ich wurde nicht enttäuscht. Ich blieb fortwährend bemüht, meine Resultate dadurch zu überprüfen, daß ich sie bei der Analyse konkreter Probleme der Sozialwissenschaften anwandte. Überdies hatte ich die Genugtuung, daß einige meiner Freunde meine Art zu denken bei ihrer wissenschaftlichen Alltagsarbeit als hilfreich empfanden. Ich erwähne dies lediglich, um Ihnen zu zeigen, daß ich niemals ein ontologischer Dogmatiker war und es auch heute nicht bin. Kein Leser meines Buches kann, so meine ich, zu dieser Ansicht kommen.

Aber natürlich halte ich daran fest, daß die Aussagen der sozialwissenschaftlichen Theorien sich mit der Gesamtheit des philosophischen Wissens in Einklang befinden müssen.

Ich möchte mich nun Ihrem Argument zuwenden, ich sollte nicht einfach alternative Ansätze vortragen, ohne zu zeigen, welche konkreten Folgerungen für die logische Struktur Ihrer Theorie und ihrer empirischen Anwendung sich daraus ergeben. Zunächst einmal wäre das nur dann ein triftiges Argument, hätte ich mein Papier in keiner anderen Absicht geschrieben, als Ihr Buch zu kritisieren. Ich habe aber bereits darauf hingewiesen, daß ich es in erster Linie als Beitrag zur Diskussion einiger Grundprobleme unserer Wissenschaft sehe – wenn auch in anderer Perspektive. Zweitens können Sie nicht gut von mir verlangen, im Rahmen eines Papiers, das bereits mit anderen Themen überladen ist, in eine Detaildiskussion einzutreten. Ich wäre natürlich über eine Gelegenheit sehr glücklich, diese Frage, wenn Sie es wünschen, einmal mündlich zu diskutieren. Ich würde dabei einige Kommentare formulieren, die Sie wohl interessieren könnten. Aber all das trifft noch nicht den Kern der Frage. Sie schreiben, daß ich Ihre Grundposition nirgends mit grundsätzlichen Argumenten angriffe, sie aber dennoch anläßlich einiger Detailfragen zu verwerfen scheine, indem ich wiederholt zu Aussagen komme, die ihre Unhaltbarkeit implizieren. Ich dachte, meine Sichtweise im Papier hinreichend deutlich gemacht zu haben. Ich darf sie vielleicht noch einmal so zusammenfassen: Ich stimme Ihrer Grundposition als solcher zu, und zwar insoweit, als ich mit Ihnen überzeugt bin, daß eine allgemeine Theorie der Sozialwissenschaft durch eine sorgfältige Analyse von Akteinheiten sowie eine Theorie der Struktur sozialen Handelns, und zwar in der Perspektive des Subjekts, fundiert werden muß. Des weiteren akzeptiere ich Ihre einschlägigen Analysen insoweit, als sie für die Bearbeitung der Hauptprobleme in den Grenzen hinreichen, die Sie sich für Ihr Buch gesetzt haben. Andererseits meine ich, daß Ihre Untersuchungen nicht radikal genug sind, insbesondere dort, wo es um die subjektive Perspektive geht, und daß Sie eine Menge von Phänomenen einfach als gegeben hinnehmen, die genauerer Untersuchung bedürfen. Ich möchte nur wenige Beispiele erwähnen: Sie beschäftigen sich in Ihrer Theorie nirgends mit den spezifisch *sozialen* Kategorien des Handelns und der wechselseitigen Interaktion, d. h. mit dem Problem des Bezugsrahmens eines *alter ego*, an dem das Handeln des Akteurs interpretiert ist. Alle Ihre Ausführungen zur Struktur einer Handlung sind anwendbar, gleichgültig, ob es sich um eine Handlung eines einzelnen Akteurs handelt oder um einen solchen, der an einem *alter ego* orientiert und durch diesen motiviert ist. Folglich beschäftigen Sie sich auch nicht mit dem für alles menschliche Handeln äußerst wichtigen Zeitelement und beachten nicht die logisch-signifikanten Unterschiede zwischen bereits vollzogenen und erst projektierten Handlungen. Ebenso vermißt man die Kategorien der Personalität und der Anonymität. Insbesondere sagen Sie nichts über die spezifische Einstellung, die ein Sozialwissenschaftler gegenüber der Sozialwelt einnehmen muß. Diese Einstellung hängt mit jener des Partners in der Sozialwelt eng zusammen, trägt aber ein ganz anderes »Subskript«, welches jeder Interpretation von *alter egos* Handlungen einen anderen Sinn beilegt. Daher ist auch Ihre Theorie der Werte wie auch die Rolle, die Sie der Wissenschaft zuschreiben, nur dann zu akzeptieren, wenn Sie eine Explikation des in beiden Fragen implizierten Intersubjektivitätsproblems ausklammern. Sie müssen dann die gesamte Sozialwelt mit allen ihren strukturellen Differenzierungen schlicht als gegeben voraussetzen und »Werte« sowie »Wissenschaft« θύραθεν (durch die Tür) einführen, wenn ich einmal diesen aristotelischen Ausdruck verwenden darf. Alle diese Fragen könnten durch eine wirklich radikale Untersuchung der sozialen Intersubjektivität geklärt werden. Natürlich steht es Ihnen frei einzuwenden, daß Sie an diesen Problemen nicht interessiert sind, weil sie nach Ihrer Meinung nicht solche einer Handlungstheorie sind. Gegen einen solchen Einwand wäre ich machtlos. Ich meinerseits bin an ihnen interessiert und fest davon überzeugt, daß z. B. ein volles Verständnis des sogenannten Problems der subjektiven und der objektiven Perspektive nur zu erreichen ist, wenn man sich entschlossen diesen viel zu wenig bearbeiteten Fragen zuwendet. Ich meine, daß ihre Beantwortung eine unabdingbare Voraussetzung jeder Fundierung einer systematischen Theorie der Sozialwissenschaften ist – mehr noch, daß eine solche Disziplin, wie sie mir vorschwebt, selbst ein Teil, und zwar der wichtigste, einer allgemeinen soziologischen Theorie darstellen würde. Soweit ich sehe, steht all dies im Einklang nicht nur mit dem Werk der vier von Ihnen untersuchten Klassiker und Ihren diesbezüglichen Interpretationen, sondern auch mit einem Großteil Ihres eigenen Systems. Ich habe mehrfach in unseren Diskussionen und auch in meinem Papier meine Bewunderung für Ihr Werk wohl hinreichend deutlich werden lassen. Diese darf aber nicht die Einsicht verstellen, daß Sie weitere Schritte in Richtung auf eine Radikalisierung Ihrer Theorie tun müssen, um zu einer allgemeineren Konzeption zu kommen, die einerseits die Anwendung auf Probleme erlaubt, die jetzt noch außerhalb der Reichweite Ihrer Theorie liegen, und andererseits eine konsistentere Formulierung Ihrer Grundideen zu erreichen, insbesondere des Begriffs der »Subjektivität«.

Damit haben Sie meine Antwort auf Ihre allgemeinen Bemerkungen, die in meinen Augen den wichtigsten Teil unserer Diskussion ausmachen. Da ich nicht die Absicht habe, Sie weiter mit einer Debatte zu belästigen, an der Ihnen vielleicht überhaupt nichts liegt, möchte ich für heute an dieser Stelle abbrechen und mich erst vergewissern, ob Sie an meiner Antwort auf die zahlreichen, äußerst interessanten Detailfragen, die Sie in den anderen Briefen aufgeworfen haben, weiter interessiert sind. Ich wage zu sagen, daß ich mit sehr vielen Ihrer Aussagen übereinstimme; darunter sind einige, aus denen eine bessere Problemsicht zu lesen ist, als ich sie bisher hatte. Für andere scheint mir natürlich mein eigener Ansatz nach wie vor eher angemessen. Ich würde aber in eine Erörterung dieser speziellen Fragen nur dann eintreten, wenn ich annehmen dürfte, Sie hielten die ganze Sache »der Aufregung für wert«. Immerhin haben Sie am Ende daran Zweifel geäußert. Mein einziger Zweck war und ist, einige der wichtigsten Probleme unserer Wissenschaft mit einem der kompetentesten Theoretiker zu diskutieren, die ich in diesem Lande gefunden habe.

Ich möchte mit einer Anekdote schließen, die Richard Wagner über Beethoven erzählt hat. Ein englischer Lord übergab Beethoven eine seiner Kompositionen mit der Bitte, jene Passagen, die Beethoven aus irgend einem Grunde nicht gefielen, mit einem

Kreuz zu kennzeichnen. Beethoven sandte ihm das Manuskript in einem Umschlag zurück, über dessen gesamte Länge er mit Sorgfalt ein Kreuz gemalt hatte.

Ich habe den Eindruck, daß Sie mit meinem Papier ähnlich verfahren sind. Sie scheinen es aus verschiedenen Gründen leider nicht zu mögen. Natürlich hatte ich niemals die Absicht, einen Aufsatz über Ihr Buch zu veröffentlichen, dessen Grundidee Sie genau so ablehnen wie seine Details. Mein Respekt für den Autor und sein Buch ist viel zu groß und mein polemisches Talent entschieden zu gering, um der Öffentlichkeit einen Aufsatz über Ihr Buch vorzulegen, den Sie unglücklicherweise für unangemessen und irrelevant halten.

Nehmen Sie daher bitte mein Manuskript so, wie es von Anfang an gemeint war: als einen ziemlich langen, privaten Brief an den Autor, dessen Buch ich über Monate sorgfältig mit großem persönlichem Gewinn studiert habe.

Mit freundlichen Grüßen
Alfred Schütz

7. Talcott Parsons:
Über Vorraussetzungen einer weiteren Diskussion
(29. 3. 41)

Cambridge, am 29. März 1941

Sehr geehrter Dr. Schütz

Haben Sie Dank für Ihren langen Brief. Ich werde jetzt nicht versuchen, im Detail darauf zu antworten, weil das eine ziemlich ausgedehnte Diskussion bedeuten würde. Ich hoffe aber sehr, daß wir uns nicht in ganz unnötige Mißverständnisse verstricken. Es ist mir natürlich klar, daß einige Bemerkungen zu Passagen Ihres Manuskriptes recht scharf ausgefallen sind. Aber ich hatte nicht im mindesten die Absicht, mich in irgend einer Weise abfällig zu äußern, sondern lediglich meine eigene Position so klar wie möglich werden zu lassen. Natürlich weiß ich sehr wohl die Zeit und die Mühe zu schätzen, die Sie in das Studium meines Buches investiert haben; ich habe auch ernstlich versucht zu verstehen, was Sie sagen wollen, wenn auch vielleicht in einer unziemlich begrenzten Perspektive. Erschwerend kommt hinzu, daß es bei einem Essay wie dem Ihren nicht immer leicht ist, zwischen jenen Passagen, die als kritische Auseinandersetzung mit einem anderen Autor gemeint sind, und jenen zu unterscheiden, die einen anderen Problembereich explizieren. Es trifft sicherlich zu, daß ich mich primär an die kritischen Passagen Ihres Beitrags gehalten habe; daraus sollten Sie aber nicht schließen, ich wäre an einer weiteren Klärung dieser Probleme nicht interessiert. Ich hatte den Eindruck, daß Sie an vielen Punkten Probleme, die für die Entwicklung meiner Theorie von großer Bedeutung sind, nicht adäquat verstanden hatten. So kam es mir darauf an, die Dinge noch einmal deutlich zu machen und zu zeigen, worin sich meine Formulierungen von den Ihren unterscheiden.

Die wichtigste Frage ist für mich noch immer, ob wir in diesem Bereich ein gemeinsames Problem für eine fruchtbare Diskussion haben finden können. Wenn Sie sagen, daß ich offenbar an Ihren Problemen nicht in dem Maße interessiert bin, wie Sie an den meinen, so mögen Sie damit sehr wohl recht haben. Wäre dem tatsächlich so, könnte das an einem von zwei Gründen liegen: Entweder – und das war mein Eindruck, als ich die Briefe schrieb –, sind die von Ihnen in der Diskussion primär angeschnittenen Fragen tatsächlich für meine theoretischen Interessen nicht besonders wichtig, oder ich habe ihre (bestehende) Bedeutung irgendwie nicht begriffen. Das wäre zwar möglich, ich glaube es aber eigentlich nicht. Richtig ist, daß ich Ihr Buch nicht mit annähernd der Sorgfalt gelesen habe, die Sie meinem Buch gewidmet haben; dennoch bin ich nicht gänzlich unvertraut damit. Ich habe es kurz nach seinem Erscheinen vor einigen Jahren gelesen. Vieles darin erregte mein Interesse; für die Probleme aber, die ich damals für mein Buch bearbeitete, hielt ich es nicht für besonders einschlägig. Ich erinnere mich, etwa 1937 mit Alexander v. Schelting darüber ziemlich ausführlich diskutiert zu haben. Damals habe ich etwa gesagt, daß ich es für die Zwecke meiner Weber-Interpretation z. B. nicht für nötig hielt, mich in die Art von Analysen der subjektiven Perspektive und ihres Zusammenhangs mit Zeitelementen einzulassen, die das zentrale Thema Ihres Buches sind. Ich fühlte mich auf diesem Gebiet auch nicht besonders kompetent und sah keinen rechten Grund, Ihre Untersuchung kritisch zu verarbeiten. Ich gebe aber offen zu, daß Ihr Buch in mir auch nicht jenes Interesse erregte, wie dies etwa im Werk Webers oder Durkheims der Fall war. Es ist sehr wohl möglich, daß mein damaliges Urteil falsch ist. Ich will daher Ihr Buch bei der ersten sich bietenden Gelegenheit wieder zur Hand nehmen – es wäre wohl tatsächlich besser gewesen, das bereits mit Ihrem Manuskript zusammen zu tun, um ein gründlicheres Urteil zu gewinnen.

Dennoch bin ich noch immer der Meinung, daß Ihr Manuskript so viele und so erhebliche Interpretationsirrtümer meiner Theorie enthält, daß ich auch jetzt nicht einzusehen vermag, wie meine mangelnde Vertrautheit mit Ihrem Interessenbereich die zwischen uns bestehenden Differenzen erklären könnten. Wenn Sie versuchten, mich auf der Basis überzeugender empirischer Evidenz von der Triftigkeit Ihrer Analysen zu überzeugen, so wäre ich sofort bereit, darin die Grundlage einer fruchtbaren Diskussion zu sehen. Auch bezüglich all dessen, was Sie am Ende Ihres Briefes über die Rolle des *alter ego* sagen, kann ich noch nicht den Unterschied erkennen, der sich ergeben würde, wenn man diese Überlegungen etwa der Untersuchung eines Problems wie der Beziehung zwischen Protestantismus und der modernen Institutionenstruktur zugrunde legen würde.

Vielleicht darf ich mich noch rasch zu der nun »berühmt« gewordenen Fußnote auf S. 762 meines Buches äußern. Natürlich stimme ich Ihnen darin zu, daß bei der Untersuchung zeitloser Kultursysteme Handlungskategorien irrelevant sind. Aber die dort zu findenden Sätze, wie auch der gesamte Kontext beziehen sich auf Handlungssysteme als solche, und nicht auf Kultursysteme. Sie werden sich erinnern, daß ich diese am Ende des 16. Kap. *»Action and Complexes of Meaning«* im Zusammenhang mit Max Webers Methodologie erörtert habe. Im letzten Kapitel habe ich dann dieses Problem bei der Unterscheidung von Handlungswissenschaften und Kultur noch einmal wieder aufgenommen. Mir scheint, daß meine Interpretationen in diesem Kontext alles andere als unklar genannt werden können. Vorbehaltlich einer sorgfältigen Lektüre Ihres Buches neige ich zu der Ansicht, daß dort, wo die Handlungswissenschaften, wie Sie sagen, »sich ausschließlich mit den Objekten beschäftigen, die durch Handlungen eines Akteurs hervorgebracht wurden, ohne aber den Akteur und seine Handlungen selbst in Betracht zu ziehen«, die Ebene einer Handlungstheorie überhaupt verlassen wird, was auch immer man dann in ihnen sehen muß.

Ich finde, es hat keinen Sinn, die Diskussion jetzt noch weiter zu treiben, bevor ich nicht Ihr Buch noch einmal gelesen habe. Inzwischen hoffe ich sehr, Sie werden mir glauben, daß mir persönliche

Gefühle über Ihre Kritik ganz fern liegen. Mir liegt sehr daran, die ganze Frage soweit nur irgend möglich in einem objektiven und wissenschaftlichen Rahmen zu halten.

Mit besten Empfehlungen
Talcott Parsons

8. Alfred Schütz:
Über die Schwierigkeiten einer brieflichen Diskussion
(21. 4. 41)

New York, am 21. April 1941

Sehr geehrter Professor Parsons

Haben Sie vielen Dank für Ihren freundlichen Brief vom 29. März, der glücklicherweise meine Befürchtungen zerstreut hat, unsere Gegensätze in bestimmten wissenschaftlichen Fragen hätten, jedenfalls auf Ihrer Seite, unsere persönlichen Beziehungen belastet. Ich bin sehr froh, daß das offensichtlich nicht der Fall ist. Jedenfalls für mich ist das besonders wichtig. Ihr Brief läßt mich hoffen, daß Sie wie ich an dieser Beziehung festhalten wollen. Das wird es uns ermöglichen, die offenen Fragen zwischen uns zu klären.

Als ich in meinem letzten Brief auf meine eigenen Schriften Bezug nahm, tat ich dies ausschließlich in der Absicht, Ihnen den doppelten Zweck meines Papiers zu erläutern: einmal, einen Überblick über Ihre Theorie zu geben und sodann zu zeigen, wieweit sie sich mit meinen eigenen Überlegungen deckt. Niemals aber war ich so vermessen zu denken, daß mein Buch mit dem Werk der Meister unseres Faches, Weber und Durkheim, auf eine Stufe zu stellen wäre. Ich erwarte eigentlich auch nicht, daß es auf einen Leser sehr attraktiv wirkt. Es könnte sogar sein, daß es gänzlich unzureichend oder gar falsch ist. Aber wenngleich ich über die von mir gebotenen *Lösungen* sehr bescheiden denke, bin ich ganz sicher, daß es sich bei den Problemen, mit denen ich mich beschäftige, um *genuine* Probleme der Sozialwissenschaften handelt, die auf die eine oder andere Weise gelöst werden *müssen*. Und da es bei unserer Diskussion wesentlich um die Probleme geht, nicht aber um meine Lösungen, scheint es mir auch gar nicht notwendig, daß Sie sich erneut mit der Lektüre meines Buches belasten, wenn Sie unseren Meinungsaustausch fortsetzen wollen.

Es ist wirklich sehr schade, daß wir räumlich soweit auseinander leben. Eine Briefdiskussion kann ja immer nur ein armseliger Ersatz sein für einen Dialog, der es erlauben würde, auftretende Mißverständnisse sofort auszuräumen, jedenfalls aber zeitsparend ist.

Gegenwärtig bin ich leider mit sehr vielen beruflichen und außerberuflichen Dingen zugleich beschäftigt. Aber ich will versuchen, Ihnen in einigen Wochen einige Notizen zu schicken, die ich mir bei der Lektüre Ihrer früheren Briefe gemacht habe.

Mit freundlichen Grüßen
Ihr Alfred Schütz

Talcott Parsons
Rückblick nach 35 Jahren

Man muß sich für das folgende ganz klar vor Augen halten, daß die vorstehende Diskussion mit Alfred Schütz mehr als 30 Jahre zurückliegt und leider im Frühjahr 1941 abbrach. In der langen, seitdem verstrichenen Zeit ist mein eigenes Denken nicht stehen geblieben. Natürlich schreibe ich daher heute diesen Rückblick aus der Sicht der Probleme im Jahre 1974, nicht aber aus der von 1940 oder 1941, oder auch der der *Structure of Social Action*, die ich noch einige Jahre früher niedergeschrieben habe. Natürlich kann ich auch jetzt nicht im Detail auf alle wichtigen aufgeworfenen Punkte eingehen. Ich werde mich vielmehr auf zwei oder drei Hauptüberlegungen konzentrieren, die sich mir aus meiner heutigen Sicht aufdrängen.

Vielleicht ist es am besten, mit dem zentralen Diskussionsgegenstand zwischen Alfred Schütz und mir zu beginnen: der Bedeutung dessen, was wir beide die »subjektive Perspektive« nennen. Der erste Unterschied tritt bereits zu Beginn seines damaligen Essays zutage, wo er meinen in der *Structure of Social Action* eingeführten Begriff einer Tatsache kritisiert, den ich zunächst einer bekannten Arbeit von L. J. Henderson entnommen habe, der aber in seinen Grundzügen letztlich wohl auf Kant zurückgeht. Der entscheidende Sachverhalt liegt hier darin, daß ich als Tatsache eine *Aussage über* ein oder mehrere Phänomene der externen Welt definiert hatte, nicht aber ein Phänomen selbst. Daran hat sich Schütz gestoßen und gemeint, daß so etwas wie eine »Erfahrung« eines Phänomens möglich sei, die nicht mediatisiert ist durch das, was Henderson ein Begriffsschema, Kant die Verstandeskategorien genannt hat. Die damit angerührten Probleme wurden dann mit dem in Zusammenhang gebracht, was manchmal die »Bewußtseinslage des Handelnden« genannt wurde, der entweder sein eigenes Handeln überdenkt oder von einem externen Wissenschaftler beobachtet wird.

Obwohl ich seit den 40er Jahren in diese Probleme erheblich tiefer eingedrungen bin, bin ich nach wie vor unvermindert von der kantianischen Position überzeugt. Das hat offenbar mit dem starken kantianischen Einfluß auf Max Webers Werk zu tun, mit dem ich mich andererseits in Übereinstimmung zu befinden glaube. Ich will damit sagen, daß das rationale Verstehen menschlichen Handelns, insbesondere der subjektiven Bewußtseinslage eines Handelnden, es erforderlich macht, ein Äquivalent für das, was bei Kant Sinnesdaten heißt, mit einer Kategorisierung zu verbinden, die für mich letztlich etwas Kulturelles (cultural entity) ist. Dem-gegenüber scheint Schütz eine Position einzunehmen, von der aus das Bewußtsein eines Handelnden der unmittelbaren Erfahrung mittels »phänomenologischer Reduktion« (Husserl) zugänglich ist, ohne daß es nötig wäre, solche »Erfahrung« in irgendeinem »Begriffsschema« (Henderson) zu ordnen. Ich meine, daß Kants Auffassung vom Wissen über Objekte der externen Welt richtig ist und *mutatis mutandis* auch für die Beobachtung der »Motive« an-derer Handelnder wie für die Selbstbeobachtung handelnder Indi-viduen zutrifft.

In bestimmter Hinsicht kann man m. E. sagen, daß ähnliche Überlegungen zu vergleichbaren Problemen auch für Freud im Mittelpunkt standen. Ich würde seine Position eindeutig kanti-nisch-weberisch nennen – und nicht phänomenologisch. Für ihn setzt ein Verständnis von Motiven kognitive Ordnungsleistungen voraus, und zwar nicht nur auf seiten des beobachtenden Analyti-kers, sondern auch auf seiten des Analysanden; auch dieser gelangt durch Interpretation zum Verständnis seiner eigenen Motive. Das ist für mich der Sinn, der Freuds berühmtem Aphorismus über das psychoanalytische Verfahren zugrundeliegt: dieses resultiere darin, daß »where id was there shall ego be«!

Die Position des »Neukantianismus«, die ich hier übernehme, ist für meine Begriffe mit dem Bezugsrahmen der Handlungstheorie aufs Engste verbunden, besonders dort, wo soziale Interaktionen ins Spiel kommen. Im Unterschied zu der Zeit, als ich die *Structure of Social Action* schrieb, wird für mich heute ein soziales System von einer Mehrzahl miteinander interagierender Handelnder kon-stituiert. Aus dem Blickwinkel jedes einzelnen Handelnden bilden die anderen und er selbst, als Objekte, die Handlungs*situation*. Daher ist jede konkrete Einheit eines Interaktionssystems, jedes »Individuum«, *zugleich* ein durch »Motive« oder – wie Weber sa-gen würde – »Intentionen« charakterisierter Handelnder, *und* ein Objekt der Handlungssituation. Handelnde und Objekte außer-halb der Grenzen des fraglichen Systems würde ich dann als zu dessen Umwelt gehörig betrachten. Diese Unterscheidung ist von entscheidender Bedeutung. In gewissem Maße beruht die Festle-gung eines Systems für die Zwecke einer Analyse auf freien, ja »willkürlichen« Entscheidungen des Forschers.

Die Unterscheidung zwischen Handelnden und Situation bzw. Objekt stellt natürlich eine Generalisierung von Descartes berühmter Trennung zwischen wissendem Subjekt und gewußtem Objekt dar. Generalisiert zum Bezugsrahmen für die Analyse von Handeln verliert sie natürlich ihren rein oder vorherrschend kognitiven Sinn; so umfaßt sie vielmehr eine Reihe von Komponenten, die in einer reinen »Wissenstheorie« im erkenntnistheoretischen Sinn keinen Platz haben, wie z. B. Ziele, Gefühle, Normen, Werte und andere.

Ich möchte keiner der beiden Seiten dieser Beziehung Vorrang einräumen – weder der Objekt-Komponente, noch der Subjekt-Komponente (dem Handelnden). In extremen Fällen ist es zu Argumentationen gekommen, die auf die vollständige Eleminierung der einen Seite zugunsten der anderen hinauslaufen. Andere haben die Unterscheidung selbst als total irrelevant angesehen. So wurde z. B. behauptet, es gäbe Sprachen, die zwischen Subjekten und Prädikaten grammatisch keinen Unterschied machen – ich halte das für nicht sehr glaubwürdig. Die phänomenologische Position, besonders in der Version, die Alfred Schütz repräsentiert, scheint mir ein maßvoller Versuch zu sein, die subjektive Seite zu betonen, oder – wenn man so will – die eine Säule des cartesianischen und nach-cartesianischen Gebäudes stark zu machen. Aber indem sie das tut, kommt sie – wie gesagt – für meine Begriffe zu nahe an den Punkt, an dem dem unmittelbaren Wissen des Subjekts ein fast metaphysischer Status zugeschrieben und die Wichtigkeit und Funktion von Objektivierungen entsprechend unterschätzt wird.

Es ist ganz natürlich, daß dieses Problem mit der Entwicklung technisch ausgearbeiteter Theorien im Bereich menschlichen Handelns und sozialer Interaktion besonders akut werden mußte. Das hat das Werk jener Autorengeneration, mit der sich die *Structure of Social Action* beschäftigt, besonders deutlich werden lassen. In gewissem Sinne hat Durkheim diese Probleme ganz besonders akzentuiert in seiner Vorstellung, daß der individuelle Handelnde in einer Umwelt handelt, die in ihren empirischen Aspekten aus »sozialen Tatsachen« besteht. Aber im Gegensatz zur natürlichen Umwelt des menschlichen Handelns, werden die Objekte, auf die sich ein Handeln richtet, als »historische« betrachtet, d. h. als das »konstruierte« Ergebnis früheren menschlichen Handelns. Sie sind also nicht im üblichen Sinn natürliche Objekte. In gewissem Sinn stellen sie Objekte dar, deren Genese bestimmt wurde durch die Subjektivität handelnder Menschen. So gesehen sind sie objektiv und subjektiv zugleich.

Es scheint mir von großer Bedeutung, sich mit äußerster Klarheit vor Augen zu halten, daß der Bezugsrahmen der Handlungstheorie das gleiche konkrete Etwas sowohl zu einem subjektiven Handelnden, als auch zu einem Objekt macht. Diese unterschiedliche Qualität hängt nicht an je verschiedenen Einheiten oder Dingen; sie markiert vielmehr eine analytische Trennlinie, die wir durch jedes konkrete Element einer Klasse solcher Dinge ziehen müssen. In der Geschichte des sozialwissenschaftlichen Denkens ist daraus bereits eine wichtige Folgerung gezogen worden, nämlich: daß das Selbst Objekt des Denkens einer Person werden kann, wie wir es in George H. Meads Unterscheidung zwischen dem »Me« und dem »I« formuliert finden. Allerdings stecken darin noch weitere Implikationen, denen man nachgehen muß.

Mit diesen Problemen hängt eine weitere Frage zusammen, über die ich mit Schütz des längeren – wenn auch nicht so besonders erfolgreich – diskutiert habe und die mir in der Zwischenzeit aufgrund zahlreicher intellektueller Anregungen sehr viel klarer geworden ist. Ich würde diese Probleme noch immer etwas anders formulieren, als es Schütz tat; aber ich meine heute sehr viel besser zu verstehen, worum es dabei geht.

Diese Frage betrifft die Zeitorientierungen. Obwohl die hier veröffentlichte Diskussion das nicht so deutlich macht, war sie als Hintergrundproblem sehr wichtig. Schütz hatte besonderes Gewicht darauf gelegt, daß sich die Bedeutung der Zeitorientierung, wie sie in der Perspektive eines Handelnden vorliegt, der gerade eine Handlung »entwirft« und ausführt, fundamental von einer unterscheidet, wie sie dort vorliegt, wo ein Handelnder (oder auch ein Beobachter) über das, was tatsächlich stattgefunden hat – einschließlich seines eigenen Zutuns – nachdenkt, und diese Ereignisse sich »erklärt«.

Abgesehen von allem anderen wird hier für mich eine fundamentale Differenz zu Schütz greifbar. Meine Position beruht teilweise auf meiner andauernden Überzeugung, daß alles wissenschaftliche Denken auf einer bestimmten Ebene sich bewegt und daher bis zu einem gewissen Grad abstrakt ist. Diese Auffassung habe ich insbesondere von Max Weber und A. N. Whitehead übernommen. Die Lage, in der sich ein handelnder Mensch befindet, nötigt ihn immer, sich zu beschränken. Dadurch wird jene Abstraktion in seiner Sicht der Handlungssituation erzwungen, insbesondere in seiner Perspektive von zukünftigen Bedingungen und Ereignissen, einschließlich der Folgen seines Eingreifens, die er in Rechnung stellen muß, wenn er seine Handlung im Schützschen Sinn entwirft und daran geht, seinen Plan in die Tat umzusetzen. Jene nur begrenzt mögliche Kontrolle der Zukunft behandle ich als die Frage nach den Kontingenzen, die bei der Umsetzung eines Entwurfs entstehen können, die man aber nicht in allen Einzelheiten im voraus bestimmen kann.

Nachdem aber eine Handlungskette abgeschlossen ist, stehen wir vor einer ganz anderen Situation; jetzt ist ein sehr viel höherer Bestimmtheitsgrad erreichbar. Der Grund dafür liegt in folgendem: an allen jenen Punkten, an denen beim Entwerfen noch mehrere Alternativen offenstanden, ist nun etwas ganz Bestimmtes geschehen, das unter den ehemals offenen Alternativen entschieden hat. Deshalb kann der Versuch zu erklären, wie das Ergebnis eines Handlungsprozesses zustande kam, ob durch den Handelnden selbst oder einen außenstehenden Beobachter, mit sehr viel größerer Bestimmtheit unternommen werden, als beim Entwurf möglich war. Das ist offensichtlich deshalb so, weil geschehenes Handeln, wie andere empirische Prozesse, in fundamentalen Hinsichten irreversibel ist. Was geschehen ist, ist nun einmal geschehen – und die Konsequenzen müssen in Rechnung gestellt werden.

Als Schütz und ich diese Probleme diskutierten, war das, was wir heute kybernetisches Denken nennen, noch kaum im Schwange. Dieses hat aber bei dieser Art von Überlegungen weitgehende Klärungen ermöglicht, besonders durch die Einführung dessen, was man »begrenzte Reversibilität« nennen könnte. Offensichtlich liegt der Kern dabei darin, daß ein Handelnder, der sich einem unerwarteten Ereignis gegenüber sieht, sein weiteres Handeln neu einrichten kann, so daß es mit seinem ursprünglichen Planentwurf nicht mehr übereinstimmt. Die Einsicht, daß der entworfene Handlungsverlauf wahrscheinlich negative Folgen haben wird, kann ihn dazu bringen, die Dinge noch einmal zu überdenken und einen anderen Weg zu wählen, d. h. sein Handeln zu korrigieren. Indem er so einen Teil seines Weges wieder zurückgeht, ist es möglich, einen neuen Handlungsverlauf ins Auge zu fassen und nach den nun vorliegenden Wahrscheinlichkeiten der Realisierung seines Zieles näherzukommen, das im Ursprungsentwurf fixiert wurde.

Betrachtet man Handeln unter diesem Gesichtspunkt, so ergeben sich offenbar wichtige Folgen für das Rationalitätsproblem. Nach der älteren Ansicht war es augenscheinlich nötig zu fordern, daß man ein Handeln nur dann rational im voraus planen kann, wenn jeder einzelne Schritt vor Beginn des Handlungsverlaufs genau vorhersehbar und entscheidbar ist. Die Art, wie kybernetisches Denken mit solch unerwarteten Ereignissen fertig wird, macht aber ein solches Postulat unnötig, schränkt seine Bedeutung jedenfalls weitgehend ein. Tatsächlich wird dadurch der Begriff des rationalen Handelns bemerkenswert erweitert. Eine Bedingung bleibt allerdings: daß nämlich das Handlungsziel nicht in dem Sinne »utopisch« sein darf, daß es bei gegebenen Situationsbedingungen – einschließlich der Möglichkeiten des Handelnden – unmöglich zu verwirklichen ist. Das bedeutet, daß Ausmaß und Bedeutung auftretender Ereignisse zureichend genau abgeschätzt werden, der Handelnde also nicht zuviel Unmögliches postuliert. Andererseits bedarf es zu rationalem Handeln keiner automatischen Erfolgsgarantie. Die unausschaltbare Kontingenz, auf die ich hier Wert lege, schließt ja die Möglichkeit und unterschiedliche Wahrscheinlichkeit ein, daß sich die Dinge so entwickeln, daß eine Zielerreichung gänzlich unmöglich wird. Freilich ist immer soviel Wahrscheinlichkeit dafür unterstellt, daß das nicht geschehen wird, so daß die Anstrengung, das Ziel zu erreichen, nicht einfach irrational genannt werden müßte. Dieses Moment des Risikos, mit dem wir sehr vertraut sind, ist immer mit eingeschlossen.

Überlegungen dieser Art sind immer dann besonders wichtig, wenn es um die Rationalität von Handlungen geht, die Teil interaktiver Sequenzen sind. Dies deshalb, weil für einen gegebenen Handelnden sich entscheidende Kontingenzen daraus ergeben, daß er nicht sicher sein kann, wie sein Interaktionspartner auf sein Handeln »reagieren« wird. Was die Natur der sozialen Interaktion angeht, war ich wohl bereits in »*Toward a General Theory of Action*« und in »*The Social System*« ein gutes Stück über das hinaus, was die Basis meiner Diskussion mit Schütz bildete. Auch später noch aufzunehmende Fragen stehen damit in Zusammenhang. Hier nur noch diese Bemerkung: diese Auffassung von Rationalität gilt insbesondere für Max Webers Typus der *Zweckrationalität*. Die gleichen Kriterien von Erfolg und Durchführbarkeit auf Webers anderen Typus der *Wertrationalität* anzuwenden, macht weit größere Schwierigkeiten – sie müßten zumindest in anderer Weise Anwendung finden.

In Alfred Schütz Essay zu meinem Buch fehlt ein Gedanke, über den ich mir bei der *Structure of Social Action* auch noch nicht klar war, den ich aber heute für besonders wichtig halte. Er ergibt sich als Folgerung aus dem, was heute die Internalisierung von Objekten in der Lebensgeschichte des Individuums genannt wird. Unter diesen Objekten hat man insbesondere Normen und Werte verstanden und in ihnen wesentliche Elemente der Persönlichkeitsstruktur eines Menschen gesehen.

Max Weber hatte von diesem Sachverhalt eine nur wenig ausgearbeitete Vorstellung. Entwickelt finden sich diese Ideen einerseits bei Freud, dann bei Durkheim, und schließlich bei jenen amerikanischen Sozialpsychologen, die man heute »Interaktionisten« nennt, also Mead, Thomas und Cooley. Ich sehe im Phänomen der Internalisierung eine starke Stütze meiner Position; denn Objekte – nicht nur im cartesianischen Sinn – sondern auch die Freudschen wie auch die besonders von Durkheim hervorgehobenen kulturellen Normen sind nicht frei von kategorialen Komponenten. Jedenfalls konstituieren sie nicht reine und unverfälschte »Erfahrung«.

Die in diesen Zusammenhang gehörigen Überlegungen erweisen die scharfe Dichotomie der Zeitperspektive bei Schütz offensichtlich als unhaltbar, es sei denn, sie wird auf eine sehr abstrakte, analytische Ebene bezogen. Sie ist für die Konzeption der »Um-zu-Motive« und »Weil-Motive« ebenso konstitutiv wie für die scharfe Unterscheidung zwischen der subjektiven Erfahrung bei der aktuellen Ausführung eines Handlungsentwurfs einerseits, und der Reflektion auf das Geschehen nach dessen Realisierung andererseits. Die erwähnte Folgerung ist nun diese: Handlungsprozesse resultieren in wichtigen Hinsichten selbst aus der Existenz von Objekten, und zwar nicht nur jener Objekte, die konditionierend und instrumentell bedeutsam in der Situation des Handelnden gegeben sind, sondern auch der Objekte, die dieser als Elemente seiner Persönlichkeit oder seines Selbst internalisiert hat. Freud ging in seinen späteren Jahren sehr weit in diese Richtung und beschränkte das Konzept der Internalisierung keineswegs auf das Über-ich, sondern dehnte es aus auf das Ich und schließlich auch auf das Es. Ist aber ein so wichtiger Teil der Persönlichkeit eines Menschen wie das Ich »Niederschlag verlorener Objekte«, wie Freud sagt, so kann man sich kaum vorstellen, daß seine subjektive Erfahrung analytisch von der Objektwelt völlig unabhängig sein soll. Dabei muß daran erinnert werden, daß mit Objekten nicht natürliche Objekte gemeint sind, sondern das, was ich mit anderen »soziale Objekte« genannt habe, eine Formulierung, die die Tatsache betont, daß sie Handelnde im technischen Sinn sind oder waren.

Die ungenügende Berücksichtigung des Internalisierungsproblems verweist auf eine generelle Tendenz in den Arbeiten von Alfred Schütz, insbesondere auch im hier in Frage stehenden Essay und der Diskussion, nämlich unnötig scharfe Entweder-Oder-Alternativen zu formulieren. Die allen übrigen zugrunde liegt, ist jene zur Objekt-Qualität bzw. Subjekt-Qualität gegebener Bezugseinheiten. Mir scheint daher, daß die kombinatorischen Aspekte der Handelnden auf vielen verschiedenen Ebenen erscheinen. Eine davon ist die Erfahrung des Handelnden während des Handlungsverlaufs. Sie handeln und denken, wie ich meine, im »Rahmen des Begriffsschemas«, um die Formulierung zu benutzen, mit der L. J. Henderson eine Tatsache definiert hat. Und ebenso beurteilen und bewerten sie im Rahmen eines Begriffsschemas, wenn sie das eigene Handeln und das Handeln anderer rückblickend zu verstehen suchen. Auch die Situation des wissenschaftlichen Beobachters unterscheidet sich davon nicht prinzipiell; seine Behandlung der subjektiven Perspektive setzt in meinen Augen ebenfalls ein Begriffsschema voraus, also eine Anzahl von Kategorien im kantischen Sinn.

Für meine Begriffe konstruiert Schütz einen ganz unrealistisch scharfen Gegensatz zwischen der Perspektive des Handelnden und der des wissenschaftlichen Beobachters und Analytikers, der beide ernstlich auseinander bringt. Ich sehe sie dagegen sehr eng miteinander verknüpft: Der Vollzug der Wissenschaft ist nur ein extremer Typus des Handelns.

Von hier aus läßt sich auch die unablässige Bezugnahme von Schütz und anderen Phänomenologen (etwa Harold Garfinkel) auf die »Welt des Alltags« und die »Alltagserfahrung« problematisieren, zu der sie einen besonderen Zugang reklamieren und behaupten, daß deren Perspektive sich von der eines wissenschaftlichen Beobachters radikal unterscheide. Mit dieser Unterscheidung wird natürlich ein Problem geschaffen, daß für alle Überlegungen zur Rationalität von zentraler Bedeutung ist. Auch hierin sehe ich eine unrealistische Dichotomie. Diesen radikalen Bruch zwischen Alltagsleben und dem Tun wissenschaftlich ausgebildeter Leute gibt es nicht; die Wissenschaft ist vielmehr eine Akzentuierung und spezielle Klärung bestimmter Komponenten, die wir in allem menschlichen Handeln finden, wie ungebildet ein Handelnder auch immer sein mag. Die von Malinowski in *»Magic, Science and Religion«* entwickelte Position scheint mir hier äußerst hilfreich zu sein. Danach handelt der »primitive Mensch« in bestimmten Kontexten völlig rational und die Vorstellungen rationalen Handelns der Art, mit denen Pareto arbeitete, sind z. B. auf die ihm bekannte Gartenbautechnik ohne weiteres anwendbar.

Und schließlich: seit der Zeit, als ich mit Schütz diskutierte, haben wir doch in der modernen Zeit eine Entwicklung erlebt, in der die Rationalisierungen soweit generalisiert und ausgedehnt wurden, daß wir es heute tatsächlich mit einer Situation zu tun haben, die der in der Wissenschaft verwirklichten Rationalität weit eher entspricht, als den meisten Common-Sense-Kategorien.

Das alles sollte niemanden verleiten, in mir einen Rationalisten zu sehen. Ich bin mir der nicht-rationalen (ich meine nicht: *ir*rational!) Faktoren in weiten Bereichen menschlichen Handelns sehr wohl bewußt. Darin sehe ich geradezu eines der Kernprobleme der Sozialwissenschaften, und es wird noch längere Zeit dauern, bis diese Schwierigkeiten ausgeräumt sind. Die Neigung von Schütz und anderen Phänomenologen, auf der eher konkreten Ebene Gegensätze zu konstruieren, scheint mir nicht besonders hilfreich zu sein, mit ihnen fertig zu werden. In diesen für mich entscheidend wichtigen Fragen stehe ich Max Weber und Sigmund Freud sehr viel näher, als Alfred Schütz.

Ich meine, mit dieser Auffassung ganz auf der Linie neuerer Entwicklungen in der Wissenschaftstheorie zu liegen, die den Wissenschaftler als Handelnden und seine verschiedenen Hilfsmittel in das System ihrer theoretischen Interpretation aufgenommen hat. (Vgl. z. B. das jüngste Buch von Gerald Holton über Einstein und Bohr: *Thematic Origins of Scientific Thought.* Cambridge, Mass.: Harvard University Press, 1973.)

Mir erscheint es also als äußerst fragwürdig, der Kategorie des Alltags und der Erfahrung eine derart herausragende Bedeutung beizumessen, wie es Schütz und viele seiner Schüler tun. Damit ergeben sich auch wichtige Folgerungen für das Verständnis der Rationalität des Handelns im Rahmen der Handlungstheorie. Ich bin erst kürzlich dazu übergegangen, die Frage der Rationalität des Handelns als Teil eines umfassenderen Komplexes zu sehen, den ich den kognitiven Komplex genannt habe (vgl. Talcott Parsons und Platt: *The American University*, 1973). Dieser umfaßt, zusätzlich zur Rationalität als Idealtyp des sozialen Handelns, Wissen als einen Typus kultureller Objekte, Kompetenz als eine Eigenschaft der sozialisierten Persönlichkeit, und Intelligenz als generalisiertes Austauschmedium auf der Ebene des allgemeinen Handlungssystems.

Sieht man aber Rationalität in dieser Perspektive, dann zeigt sich, daß sie einen Idealtyp sozialen Handelns darstellt, der nicht allein durch kognitive Elemente gekennzeichnet ist, wenngleich ihnen Primat zukommt, – sondern mit anderen primären Komponenten des Handelns verbunden ist. Drunter fallen auch die nicht-rationalen Komponenten, die unter dem Stichwort »subjektive Perspektive« der Untersuchung zugänglich werden.

Natürlich können diese wenigen Überlegungen in keiner Weise die Probleme ausleuchten, die bei der neuerlichen Lektüre von Schütz Essay und des Briefwechsels zwischen uns wieder zutage getreten sind. In vielen Fällen sollte deutlich geworden sein, daß ich sie heute nach mehr als 30 Jahren in anderem Licht sehe. Ich hoffe sehr, heute zu erheblich differenzierteren Antworten in der Lage zu sein, als in der *Structure of Social Action* oder den hier veröffentlichten Materialien meines Dialogs mit Alfred Schütz.

Anmerkungen

Anmerkungen zur Einleitung

1 Überdies bedient sich Schütz zuweilen einer eigenwilligen, nur aus der Form dieses Dialogs verständlichen Interpretationsmethode. Vgl. unten S. 107.

2 Zur Weberinterpretation durch Parsons vgl. etwa J. Cohen et al., De-Parsonizing Weber: A Critique of Parsons' Interpretation of Weber's Sociology, in: *Amer. Sociol. Rev.* 40 (1975) 229-241 und Parsons' Antwort, ebd., 666-670. Für Schütz' Weber-Verständnis gibt es noch keine befriedigende Analyse. Wichtige Hinweise macht aber Constans Seyfarth, Alltag und Charisma bei Max Weber: Eine Studie zur Grundlegung der verstehenden Soziologie, in: W. M. Sprondel, R. Grathoff, *Alfred Schütz und die Idee des Alltags in den Sozialwissenschaften.* Stuttgart (in Vorbereitung).

3 Vgl. dazu und zum folgenden die wichtige Arbeit von Roscoe C. Hinkle, Antecedents of the Action Orientation in American Sociology before 1935, in: *Amer. Sociol. Rev.* Vol 28 (1963) 705-715.

4 Charles H. Cooley, *Social Organization: A Study of the Larger Mind.* New York 1919; ders., *Human Nature and the Social Order.* New York 1922; ders., *Sociological Theory and Social Research.* New York 1930.

5 Vgl. dazu Hansfried Kellners Einleitung zu George H. Mead, *Philosophie der Sozialität.* Frankfurt 1969.

6 Siehe George H. Mead, *Mind, Self and Society.* Chicago 1934, S. 173 und 224, Anm.

7 Florian Znaniecki, *The Method of Sociology.* New York 1934; ders., *Social Actions.* New York 1936. Im übrigen ist es nicht ohne Interesse, daß Znaniecki zwischen konservativen und schöpferischen Reaktionen auf normabweichendes Verhalten unterscheidet und damit den Grundgedanken der Anomietheorie vorwegnimmt, wie sie später von Robert Merton ausgearbeitet wird.

8 W. I. Thomas, *Social Behavior and Personality.* New York 1951; Robert E. Park, *Human Communities, the City and Human Ecology.* Glencoe, Ill. 1952; E. Faris, *The Nature of Human Nature.* New York 1937; Robert MacIver, *Social Causation.* Boston 1942; Howard S. Bekker, *Through Values to Social Interpretation.* Durham, N. C. 1950.

9 Robert Bierstedt, The Means-End Schema in Sociological Theory, in *Amer. Sociol. Rev.* Vol. 3 (1938), 665-671, spez. S. 671.

10 Vgl. die Rezensionen W. R. Crawford in *Annals of the Amer. Acad.* 198 (1938); W. E. Gettys in *Social Forces* 17 (1938); F. N. House in *Amer.*

Journ. Sociol. 45 (1939); C. Kirkpatrick in *Journ. Polit. Econ.* 46 (1938); H. Pinney in *Ethics* (1940); und L. Wirth in *Amer. Sociol. Rev.* 4 (1939).

11 Die Bibliographie zur *Structure of Social Action* gruppiert das Buch unter die »Secondary Sources: 2. Methodological and General« zu Max Weber. Die Bibliographie wurde im Spätsommer 1937 abgeschlossen.

12 Diese Briefe sind für eine Theorie des sozialen Handelns sachlich ohne Bedeutung. Sie sind daher in diesem Band nicht abgedruckt.

13 Erschienen als Phenomenology and the Social Sciences, in: *Philosophical Essays in Memory of Edmund Husserl*, ed. by Marvin Farber. Cambridge 1940, jetzt in Alfred Schütz, *Collected Papers I*. Den Haag 196. Die deutsche Ausgabe in den *Gesammelten Aufsätzen*, Bd. I. Den Haag bringt den Originaltext.

14 Vgl. dazu oben S. 76, wo Parsons seine rigorose Unterscheidung zwischen diesen Interessenrichtungen erläutert sowie Schütz' Antwort dazu S. 110. Schütz hatte seinen Aufsatz Phenomenology and the Social Sciences zusammen mit dem Manuskript seines Rationalitätsvortrags an Parsons geschickt und brieflich bedauert, daß Parsons sich nicht dazu geäußert habe (s. oben S. 21). Die Antwort kam später, wenngleich indirekt.

15 William James's Concept of the Stream of Thought, Phenomenologically Interpreted (1940), in: *Collected Papers III*. Den Haag 1965, speziell S. 13. Schütz wird diese Arbeit erst später an Parsons schicken. Aber bereits in seinem Rationalitätsvortrag in Harvard verzichtet er darauf, bei der Explikation seiner Problemsicht, auf Husserl zurückzugreifen, was mit Blick auf die von ihm dargestellten Folgerungen immerhin nahe gelegen hätte; stattdessen rekurriert er auf James. Vgl. *Collected Papers II*. Den Haag 1964, S. 68.

16 Es liegt eine gewisse Ironie darin, daß Parsons gerade mit diesen Passagen nur wenig anzufangen weiß, vgl. oben S. 102. Immerhin hat er in seinen späteren Arbeiten, wie auch im hier abgedruckten »Rückblick nach 35 Jahren« in der Ausarbeitung des Begriffs der sozialen Rolle und des damit verbundenen Problems der Sozialisation die wichtigsten Schritte über den Diskussionsstand in der *Structure of Social Action* hinaus gesehen.

17 Beide in Talcott Parsons, *Essays in Sociological Theory*. Glencoe, Ill 1954 (dt.: *Beiträge zur soziologischen Theorie*. Neuwied 1964.

18 Vgl. die folgende Anm. 1.

Anmerkungen zur Theorie sozialen Handelns

1 Das im folgenden mehrfach erwähnte »zweite, größere Manuskript« von Parsons, das Alfred Schütz ebenfalls in Händen hatte, trägt den Titel *Actor, Situation, and Normative Patterns. An Essay in the Theory*

of Social Action«. In einem größeren Konvolut aus dem Nachlaß von Alfred Schütz, dem auch die hier publizierte Diskussion zwischen Alfred Schütz und Talcott Parsons entnommen ist, sind umfangreiche Notizen und Exzerpte von Schütz' Hand enthalten, darunter auch einige Blätter zu diesem Manuskript. Sie geben die Gliederung und Zwischentitel des Ms. in wörtlichem Zitat wieder. Danach scheint es sich um eine Erstfassung dessen zu handeln, was Parsons später zusammen mit Edward Shils publiziert hat unter dem Titel: *Values, Motives, and Systems of Action.* (In: *Toward a General Theory of Action,* ed. by Talcott Parsons and Edward Shils. Harvard University Press 1951). – Alle entsprechenden Materialien befinden sich jetzt auf Microfilm im Sozialwissenschaftlichen Archiv Konstanz (Hrsg.).

2 Gemeint ist das Harvard Seminar on Rationality, an dem A. Schütz im Frühjahr 1940 teilgenommen hatte, vgl. *Einleitung* S. 15 f. (Hrsg.).

3 Unter dem Titel *The Problem of Rationality in the Social World*« hatte Schütz in Harvard referiert. Zu der hier erwähnten gemeinsamen Publikation der Referate ist es nicht gekommen. Schütz hat sein Manuskript später gründlich überarbeitet und erweitert. Es erschien in ECONOMICA Vol. 10, No. 38 (1943), 130-149. Der Aufsatz ist jetzt im 2. Bd. der *»Gesammelten Aufsätze«* enthalten (Hrsg.).

4 Jetzt in *»Gesammelte Aufsätze«,* Bd. 1 (Hrsg.).

5 Jetzt in *»Gesammelte Aufsätze«,* Bd. 3 (Hrsg.).

6 Talcott Parsons, *The Structure of Social Action.* New York, London 1937. (Im folgenden zitiert als SofSA).

7 SofSA, S. 698.

8 SofSA, S. 41 (vgl. L. J. Henderson, *An Approximate Definition of Fact.* University of California Studies in Philosophy 1932.

9 SofSA, S. 719 ff.

10 SofSA, S. 43.

11 SofSA, S. 731 und 739.

12 SofSA, S. 757 f.

13 SofSA, S. 734 f.

14 SofSA, S. 756.

15 SofSA, S. 725.

16 SofSA, S. 44.

17 SofSA, S. 44.

18 SofSA, S. 75 (Hervorhebung von mir).

19 SofSA, S. 77.

20 SofSA, S. 733 und S. 45.

21 Den Problemen, die mit dem Zeitelement im Handeln verbunden sind, kann ich an dieser Stelle nicht nachgehen. Vgl. dazu G. H. Mead, *The Philosophy of the Act.* Chicago 1938 und *The Philosophy of the Present.* LaSalle 1932 (Auszüge aus beiden Schriften mit einer die Zeitproblematik betreffenden Einleitung von Hansfried Kellner jetzt in G. H. Mead,

Philosophie der Sozialität. Frankfurt 1969, Hrsg.). Meine eigene Ansicht dazu habe ich detailliert dargelegt in meinem Buch *Der sinnhafte Aufbau der sozialen Welt.* Wien 1932 (jetzt: Frankfurt 1975).

22 SofSA, S. 45 f. und für das Folgende S. 47.

23 SofSA, S. 82.

24 SofSA, S. 733.

25 SofSA, S. 634, für das Folgende S. 738.

26 SofSA, S. 52.

27 SofSA, S. 58 (Hervorhebung von mir). Für meine kritische Auseinandersetzung mit Parsons' Theorie wird es von größter Wichtigkeit sein zu bestimmen, welche Bedeutung er im Bezugsrahmen der Akteinheit dem *wissenschaftlichen* Wissen beimißt. Parsons ist offensichtlich beeinflußt durch Paretos Theorie logischer und nicht-logischer Handlungen. Auch Pareto definiert logische Handlungen als »diejenigen Tätigkeiten, die nicht nur für ihr Subjekt, sondern auch für Besitzer ausgedehnterer Kenntnisse mit ihrem Zweck logisch verbunden sind. Vilfredo Pareto, *Allgemeine Soziologie* (= Auswahl von Carl Brinkmann aus *Trattato di Sociologia Generale*). Tübingen 1955, § 150.

28 SofSA, S. 64.

29 SofSA, S. 69 und S. 448.

30 SofSA, S. 453. Siehe Alfred Marshall, *Principles of Economics.* 8. Aufl. London 1925, S. 781.

31 SofSA, S. 457-459.

32 SofSA, S. 461. Parsons bezeichnet Durkheims Auffassung, daß die Gesellschaft eine Realität »sui generis« sei, als das »soziologistische Theorem« (SofSA, S. 248).

33 SofSA, S. 467.

34 SofSA, S. 683.

35 SofSA, S. 717 ff.

36 SofSA, S. 81. Solchermaßen nicht-subjektive Kategorien sind für Parsons etwa »Umwelt«, »Vererbung« usw. S. SofSA, S. 82 f.

37 SofSA, S. 79 ff.

38 SofSA, S. 743-748.

39 SofSA, S. 741.

40 SofSA, S. 35, Anm.

41 SofSA, S. 48 f.

42 SofSA, S. 732.

43 SofSA, S. 739 f.

44 SofSA, S. 748 ff.

45 SofSA, S. 762 (Dieses Zitat aus der SofSA wird in der folgenden Diskussion noch eine gewisse Rolle spielen, Hrsg.).

46 SofSA, S. 760-762.

47 SofSA, S. 764.

48 SofSA, S. 768 ff.

49 »Zur Lehre von den Ganzen und Teilen« und »Über den Unterschied
der selbständigen und unselbständigen Bedeutungen und die Idee der
reinen Grammatik«, in: Edmund Husserl, *Logische Untersuchungen*.
Halle 1922, Bd. 2 (Hrsg.).

50 Es ist dabei wichtig, sich zu vergegenwärtigen, daß auch für Pareto »logisch« nichts anderes bedeutet, als wissenschaftlich richtiges Wissen
von Tatsachen und Beziehungen. Dabei heißt »wissenschaftlich« immer: empirisch verifiziertes Wissen.

51 William James, *Principles of Psychology*. New York 1890, Vol. II,
S. 330.

52 Seine Unterscheidung zwischen »rational« und »vernünftig« hat Schütz
erläutert in »Das Problem der Rationalität in der Sozialwelt«, in *Gesammelte Aufsätze*, Bd. 2 (Hrsg.).

53 Diesem Thema hat sich Schütz später intensiv zugewendet. Vgl. etwa
Wissenschaftliche Interpretation und Alltagsverständnis menschlichen
Handelns, in *Gesammelte Aufsätze*, Bd. 1 (Hrsg.).

54 Das wird durch zahlreiche Alltagserfahrungen bestätigt. Ein Ge-
schäftsmann ist nicht an der Verifizierbarkeit seiner Entscheidungen
durch die ökonomische Theorie interessiert, solange er nur eine vernünftige Profitchance sieht. Ein Patient ist nicht primär daran interessiert, ob die Behandlung, die ihm sein Arzt verordnet, im wissenschaftlichen Sinne korrekt ist, solange sie ihm nur eine Gesundungschance
bietet. – Der Unterschied zwischen theoretischen und praktischen Einstellungen ist mit der Unterscheidung abstrakt-konkret allein nicht zureichend zu fassen, er ergibt sich vielmehr auch – und vor allem – aus
dem Unterschied im jeweiligen System der Relevanzen und Interessen.
Und die sind nun andere für denjenigen, der nur an der Wahrheit interessiert ist.

55 Genau an dieser Stelle wird die Kategorie der Zeit in einer Theorie des
Handelns so besonders wichtig.

56 SofSA, S. 635 ff. Parsons bezieht sich hier auf Webers Begriff des »motivationsmäßigen Verstehens«. Vgl. Max Weber, *Gesammelte Aufsätze
zur Wissenschaftslehre*. Tübingen 1922, S. 504 ff. (3. Aufl. Tübingen
1968, S. 543 ff., spez. S. 547.)

57 Alfred Schütz, *Der sinnhafte Aufbau der sozialen Welt*. Wien 1932
(jetzt: Frankfurt 1975), bes. 2. Abschn., §§ 17, 18.

58 Diesem Problem wird Schütz später in einer eigenen großen Untersuchung nachgehen: S. Alfred Schütz, *Das Problem der Relevanz*. Frankfurt 1971 (Hrsg.).

59 Schütz nennt hier die folgenden Namen (die Titel sind aus anderen Arbeiten von Alfred Schütz ergänzt): William James, *Principles of Psychology*, New York 1890; George H. Mead, *Mind, Self, and Society*. Chicago 1934; Florian Znaniecki, *Tee Method of Sociology*. New York
1936; Gordon Allport, *Personality*. New York 1937; und Talcott Par-

sons, *SofSA*. (Hrsg.).

60 So meint z. B. Znaniecki, daß alle Sozialphänomene in einem von vier
   Bezugsrahmen beschrieben werden könnten: 1. Soziale Persönlichkeit;
   2. Soziale Handlung; 3. Soziale Gruppe; 4. Soziale Beziehung. Wie Parsons stimme ich dieser Auffassung vollständig bei. Der tiefere Grund
   für ihre Anwendbarkeit (zumindest der ersten beiden – subjektiven –
   Schemata) liegt einerseits darin, daß in der subjektiven Perspektive alle
   Sozialphänomene in Handlungen von Personen in der Sozialwelt zerlegt werden können, und andererseits darin, daß diese Handlungen
   selbst entweder als Systeme von Weil-Motiven, die ihre Basis bilden,
   interpretiert werden können, oder als Systeme von Um-zu-Motiven,
   die ihre Ziele integrieren. Im ersten Fall würde es sich um das Bezugsschema der sozialen Persönlichkeit handeln, im zweiten um das des
   sozialen Handelns. Vgl. dazu Florian Znaniecki, *The Method of Sociology*. New York 1936, S. 107-120.

61 S. Henri Bergson, *Durée et Simultanéité*. Paris 1922. Unter der zuletzt
   genannten Hypothese würde es sehr schwierig werden zu zeigen,
   warum – immer in der subjektiven Perspektive gesehen – ein Handelnder solch letzte Werte zeitweilig übernimmt, zeitweilig aber auch ab-
   lehnt.

62 SofSA, S. 43 f., 731, 737 f. (Hrsg.).

63 Das heißt natürlich nicht, daß die Sozialwissenschaften und speziell die
   Soziologie an dieser Frage kein Interesse nähme und daher das gesamte
   Problem der Relevanz den Philosophen oder den Psychologen überlassen könnten. Ganz im Gegenteil ist die Analyse der Entstehung konsistenter Systeme von Um-zu- und Weil-Motiven in der Sozialwelt eine
   der dringendsten Aufgaben der Sozialwissenschaften und besonders der
   allgemeinen Soziologie, die diesen Namen verdient.

64 *Essay sur les données immédiates de la conscience*. Paris 1888.

65 In seiner schönen Studie zu Parsons' Buch (The Theory of Social Action, in: *Ethics* [1940], S. 184-192) hat Harvey Pinney Parsons vorge-
   halten, daß der Begriff »Handelnder«, abgesehen davon, daß er Element
   der Akteinheit ist, in den weiteren Untersuchungen nicht mehr auf-
   taucht; daher beschäftige Parsons' »Handlungstheorie« sich mit einem
   »Handeln ohne Handelnden«! Ich meine, daß dieser Einwand nicht gerechtfertigt ist. Wie Parsons ihn begreift, ist der Handelnde ein analytisches Element und daher eine Abstraktion des wissenschaftlichen Beobachters der Sozialwelt. Als solche ist er auch in den weiteren
   Analysen immer enthalten, wenn nicht unter dem Namen eines Handelnden, dann unter dem Namen eines Idealtyps, den der Beobachter
   konstruiert. Da Parsons darin Znaniecki zustimmt, daß jedes Sozial-
   phänomen u. a. im Bezugsrahmen entweder des Handelns oder der Persönlichkeit beschrieben werden kann, ist er nicht genötigt, im Rahmen
   seiner auf das Handeln beschränkten Analyse des näheren in eine Un-

tersuchung des Handelnden einzutreten. Auf der anderen Seite ist es bedauerlich, daß Parsons Begriff der Akteinheit so sorglos subjektive und objektive Elemente miteinander vermengt; mit Blick auf die logische Konsistenz seiner Theorie liegt darin eine bemerkenswerte Schwäche.

66 Das Folgende ist vor allem eine Darstellung von Alfred Schütz' eigener Theorie. Dieser Teil wurde veröffentlicht unter dem Titel »Die soziale Welt und die Theorie der sozialen Handlung«, in: *Gesammelte Aufsätze,* Bd. 2, S. 3-21 (Hrsg.).

67 Schütz bezieht sich in diesem Zusammenhang an späterer Stelle auf Bertrand Russell, *Our Knowledge of the External World.* London 1922; sowie Rudolf Carnap, *Scheinprobleme der Philosophie.* Berlin 1928 (Hrsg.).

68 John B. Watson, *Psychology. From the Standpoint of a Behaviorist.* 3. Aufl. Philadelphia 1929, S. 38 f.

69 Diese Bemerkungen treffen nur teilweise auf die sog. »behavioristische Position« des großen Philosophen und Soziologen George H. Mead zu (*Mind, Self, and Society.* Chicago 1934). Eine Untersuchung von Meads äußerst wichtiger Theorie muß einer späteren Gelegenheit vorbehalten bleiben. (Schütz hat eine solche Untersuchung nicht vorgelegt. S. aber die bei ihm geschriebene Dissertation von Maurice Natanson, *The Social Dynamics of George H. Mead.* Washington 1956. Neudruck Den Haag 1973, Hrsg.).

70 Um hier so genau wie möglich zu sein: Auf der Ebene dessen, was wir an dieser Stelle »objektive Schemata« genannt haben, tritt die Dichotomie von subjektiver und objektiver Perspektive überhaupt nicht in den Blick. Sie ergibt sich nur aus der Grundannahme, daß die soziale Welt auf Aktivitäten menschlicher Individuen bezogen werden *kann,* sowie auf den Sinn, den diese ihrer sozialen Lebenswelt geben. Das aber ist genau die Grundannahme, die allein das Problem der Subjektivität in den Sozialwissenschaften erst zugänglich macht. Sie gilt sowohl für die moderne Soziologie im allgemeinen, wie für Talcott Parsons, wie für jene vier Autoren, an denen er seine Theorie entwickelt hat.

71 Der Ausdruck »Ding« wird in beiden Fällen im weitesten Sinn verwendet; er umfaßt nicht nur räumlich-ausgedehnte Objekte, sondern auch ideelle, geistige.

72 Natürlich ist die Interpretation natürlicher Dinge als Ergebnis eines Tuns anderer Intelligenzen (dann also: nicht-menschlicher) immer eine offene Möglichkeit. Dann ist das Leben eines Baumes das Resultat des Handelns eines Dämons oder Geistes etc.

73 Ich habe einen entsprechenden Versuch unternommen in meinem Buch *Der sinnhafte Aufbau der sozialen Welt.* Wien 1932 (Neudruck: Frankfurt 1975), bes. 2. Abschn., §§ 17, 18.

74 Max Weber, *Wirtschaft und Gesellschaft.* Tübingen 1922 (5. Aufl., hrsg.

v. Johs. Winckelmann, Tübingen 1972), § 1 der »Soziologischen Grundbegriffe«. Vgl. auch SofSA, S. 641.

75 Es ist bedauerlich, daß Talcott Parsons, der sich in den Problemen der sozialwissenschaftlichen Methodologie in so hervorragender Weise auskennt, sich in seinem Buch einer besonders wichtigen Frage überhaupt nicht zuwendet: welchen Modifikationen unterliegt der Grundbegriff der Akteinheit notwendig, wenn er auf soziale Beziehungen angewendet wird, d. h. auf Handlungen, die gegenseitig aneinander orientiert sind. Mit völligem Recht weist er atomistische Methoden in den Sozialwissenschaften zurück. Andererseits gelingt es ihm nicht, der gefährlichsten Form des Atomismus zu entkommen: ein System sozialen Handelns aus isolierten Akten isolierter Individuen aufzubauen, ohne in die Untersuchung der Probleme *sozialen* Handelns und der Gesellschaft als solcher einzutreten.

76 Vgl. *Der sinnhafte Aufbau der sozialen Welt.* Wien 1932 (Neudruck: Frankfurt 1975), §§ 36 ff. Ich habe einige Prinzipien, die die Konstruktion von Idealtypen leiten, in einem Vortrag mit dem Titel »Das Problem der Rationalität in der Sozialwelt« vor dem Faculty Club der Harvard University skizziert. (Der Vortrag findet sich jetzt in *Gesammelte Aufsätze*, Bd. 2. Mit ihm begann im April 1940 die hier vorgelegte Diskussion zwischen Alfred Schütz und Talcott Parsons. Hrsg.)

77 Vgl. oben Anm. 1 (Hrsg.).

78 Die Motivierung wirtschaftlichen Handelns (1940), in: Talcott Parsons, *Beiträge zur soziologischen Theorie,* hrsg. v. Dietrich Rueschemeyer. Neuwied 1964, S. 136-159 (Hrsg.).

79 A. Stonier, Karl Bode, A New Approach to the Methodology of the Social Sciences, in *Economica* Vol. 4 (1937), S. 406-424.

stw 102/stw 103 *Seminar: Familie und Familienrecht*
Band 1 und Band 2
Herausgegeben von Spiros Simitis und Gisela Zenz
352 Seiten
Familienrechtliche Entscheidungen, die sich vordergründig
noch immer in einem scheinbar rein juristischen Rahmen
abspielen, lassen sich in Wirklichkeit nur dann überzeu-
gend begründen, wenn auch die Erkenntnisse all der anderen Disziplinen erarbeitet werden, die sich ebenfalls mit
Funktion und Bedeutung der Familie auseinandersetzen.
Umgekehrt kann kein Sozialwissenschaftler, der sich mit
der gegenwärtigen Situation der Familie beschäftigt, Existenz und Auswirkung der rechtlichen Bestimmungen
ignorieren. Die Notwendigkeit neuer, von Anfang an
interdisziplinär angelegter Perspektiven bedarf insofern
fast keiner Begründung, und zwar ohne Rücksicht darauf,
ob eine mehr theoretisch orientierte innerwissenschaftliche
Diskussion, die Alltagspraxis der Gerichte, Jugendämter
und Sozialarbeit überhaupt oder die Reform des gelten-
den Rechts im Vordergrund steht.

stw 105 Maurice Merleau-Ponty
Die Abenteuer der Dialektik
Aus dem Französischen von Alfred Schmidt und Herbert
Schmitt
281 Seiten
In den *Abenteuern der Dialektik* legt Merleau-Ponty seine
persönliche und sehr differenzierte Abrechnung mit zeitge-
nössischen Versionen des Marxismus vor: einmal mit dem
objektivistisch erstarrten Stalinismus, der den historischen
Prozeß zum Naturprozeß uminterpretiert, zum anderen
mit dem »Ultra-Bolschewismus« Sartres, für den die Kom-
munistische Partei zur Zentrale des Weltgeists wurde.

stw 107 Pierre Bourdieu
Zur Soziologie der symbolischen Formen
Aus dem Französischen von Wolfgang Fietkau
201 Seiten
Anders als der »harte Kern« des französischen Struktura-
lismus demonstriert Bourdieu, daß diese Methode zu

Ergebnissen von entschieden politischer Relevanz führen kann.

Die in diesem Band zusammengestellten Aufsätze diskutieren die erkenntnistheoretischen Implikationen und Voraussetzungen der strukturalen Methode auf dem Gebiet der Soziologie, indem sie im konkreten Fall die Relevanz dieser Methode für soziologische Probleme aufzeigen

stw 108 J.-B. Pontalis
Nach Freud
Aus dem Französischen von Peter Assion, Hermann Lang, Eva Moldenhauer, Anette und Georg Roellenbleck
332 Seiten
Pontalis verfolgt die Absicht, Freuds theoretische Positionen zu überprüfen und sie dort, wo es notwendig erscheint, kritisch fortzuentwickeln, um die Psychoanalyse als wissenschaftliche Theorie für die Gegenwart handhabbar zu machen. Ausgangspunkt von Pontalis' Untersuchung ist die These, daß sich für die Psychoanalyse »nach Freud« neuartige Probleme stellen, die es erst einmal zu formulieren gilt. Das betrifft insbesondere die Rolle der Sprache als Brücke zwischen Analytiker und Patient, als Mittel und Ziel des therapeutischen Prozesses, schließlich als Medium, in dem die Heilpraxis zur Theorie gerinnt.

stw 110 Theodor W. Adorno
Drei Studien zu Hegel
144 Seiten
Adornos Arbeiten über Hegel – Konzentrat einer lebenslangen Beschäftigung mit dessen Philosophie – können als Propädeutik zu einer intensiveren Hegellektüre verstanden werden. Freilich macht es Adorno dem Leser nicht leicht, sich mit der Hegelschen Philosophie und ihren terminologischen Eigenheiten anzufreunden. Die unbestreitbaren Schwierigkeiten und Rätsel, die Hegel seinen Rezipienten aufgibt, werden von Adorno nicht im Sinne klassifikatorischer Zuordnungen und vorschneller Identifizierungen aufgelöst – sie werden zuallererst einmal benannt und damit zu Bewußtsein gebracht. Freilich zeigen Adornos Analysen auch, daß der Leser nicht vor Hegel kapitulieren muß. Adornos Empfehlung an den potentiellen Hegelleser lautet: »Der war nie der schlechteste Leser, welcher das Buch mit despektierlichen Randglossen versah.«

stw 117 Erik H. Erikson
Der junge Mann Luther
Eine psychoanalytische und historische Studie
Übersetzt von Johanna Schiche
320 Seiten
Eriksons berühmtes Buch *Kindheit und Gesellschaft* behandelt das Ineinandergreifen von individuellen Lebensstufen
und grundlegenden menschlichen Institutionen. Sein Buch
über den jungen Luther schildert den inneren Zusammenhang einer dieser Stufen – der Identitätskrise – mit dem
Prozeß ideologischer Erneuerung in einer Geschichtsperiode,
in der organisierte Religion die ideologische Vorherrschaft
ausübte.

stw 119 Serge Leclaire
Der psychoanalytische Prozeß
Versuch über das Unbewußte und den Aufbau einer
buchstäblichen Ordnung
Aus dem Französischen von Norbert Haas
176 Seiten
Leclaires Buch über den psychoanalytischen Prozeß enthält
den Entwurf einer Theorie der Psychoanalyse, die – einerseits – ein notwendig allgemeines Bezugssystem zur Verfügung stellen muß, mit dessen Hilfe sich die Fülle des in
einer Analyse produzierten Materials erfassen läßt, ohne
dadurch – andererseits – den Zugang zum je Spezifischen,
Individuellen, Besonderen zu verstellen. Leclaire diskutiert
dieses Grundproblem an den zentralen Kategorien der
Psychoanalyse, die ihrerseits auf zwei Analysen zurückbe-
zogen werden, an deren Verlauf illustriert wird, wie das
Besondere materielle Gestalt gewinnt in der Form von
»Buchstaben«, die in ein »Buch« eingeschrieben sind, das
nichts anderes ist als der Körper. – Die Psychoanalyse
versucht, den Sinn jener »Buchstaben« zu entziffern.

stw 123 *Sprachanalyse und Soziologie*
Die sozialwissenschaftliche Relevanz von Wittgensteins
Sprachphilosophie
Herausgegeben von Rolf Wiggershaus
352 Seiten
Die Auswahl der in diesem Band enthaltenen Beiträge zu
einer linguistisch, einer phänomenologisch und einer kom-

munikationstheoretisch orientierten Soziologie versucht
deutlich zu machen, daß die von Wittgenstein bereitgestell-
ten Elemente einer Analyse des Alltagshandelns nur von
einer sozialwissenschaftlichen Position stimmig weiterge-
dacht werden können, die nicht bei der theoretischen An-
erkennung kontingenter existierender Lebensformen ste-
henbleibt, sondern über Wittgensteins eigene sozialwissenschaftlichen Konsequenzen seiner späten Sprachphilosophie
hinausgeht.

stw 125 Heinz Kohut
Die Zukunft der Psychoanalyse
Aufsätze zu allgemeinen Themen und zur Psychologie
des Selbst
304 Seiten
Nach Kohuts Ansicht stellt die Ausbildung der Psychoanalyse einen bedeutsamen Schritt in der Geschichte der
Wissenschaft und möglicherweise sogar einen entscheidenden Wendepunkt in der Entwicklung der Kultur dar: Mit
der Ausbildung der Psychoanalyse ist es dem Menschen
gelungen, Introspektion und Empathie in Werkzeuge einer
empirischen Wissenschaft zu verwandeln.

stw 131 Vladimir Propp
Morphologie des Märchens
Herausgegeben von Karl Eimermacher
304 Seiten
Propp geht nicht vom Stoff aus, sondern von Formen und
Strukturen des Märchens, um zu zeigen, daß die verschiedenen Elemente eines Märchentextes, seien sie inhaltlich
auch noch so heterogen, nach einer spezifischen Logik ein-
ander zugeordnet sind und sich auf ein strukturelles
Grundprinzip reduzieren lassen. Zur Erklärung der Morphologie des Zaubermärchens ist es gleichgültig, ob der
Drache die Zarentochter oder der Teufel die Bauerntochter
entführt – wichtig ist allein, daß sich beide Varianten
einem Strukturprinzip verdanken, das sie hervorbringt.
Die Nähe dieses Verfahrens zu dem des Strukturalismus
ist unübersehbar. Deshalb bringt der Anhang unter anderem einen Diskussionsbeitrag des französischen Ethnologen
Claude Lévi-Strauss unter dem Titel »Die Struktur und
die Form. Reflexionen über ein Werk von Vladimir
Propp«.

stw 135 Johann Jakob Bachofen
Das Mutterrecht
472 Seiten
Eine Untersuchung über die Gynaikokratie der Alten Welt
nach ihrer religiösen und rechtlichen Natur
Eine Auswahl. Herausgegeben von Hans-Jürgen Heinrichs

stw 136 *Materialien zu Bachofens ›Das Mutterrecht‹*
Herausgegeben von Hans-Jürgen Heinrichs
464 Seiten
»Die Erscheinung dieses Mannes ist faszinierend«, sagte
Benjamin über ihn, und ein andermal: sein Name werde
immer dort genannt, »wo die Soziologie, die Anthropologie, die Philosophie unbetretene Wege einzuschlagen sich
anschickten«.

stw 137 Jacques Lacan
Schriften I
Ausgewählt und herausgegeben von Norbert Haas
256 Seiten
In der neueren wissenschaftlichen Diskussion über die
Psychoanalyse vertritt Jacques Lacan einer der bedeutsam-
sten Positionen. Sein Werk hat Horizonte eröffnet, die
die Arbeiten von Psychoanalytikern wie Pontalis, Laplan-
che, Leclaire und Mannonis, aber auch von Autoren wie
Ricœur, Foucault, Derrida und Althusser ermöglicht haben.

stw 138 F. W. J. Schelling
*Philosophische Untersuchungen über das Wesen
der menschlichen Freiheit
und die damit zusammenhängenden Gegenstände*
Mit einem Essay von Walter Schulz:
Freiheit und Geschichte
in Schellings Philosophie
128 Seiten
Schellings Philosophie, zumal seine Spätphilosophie, die er
zuerst in der Schrift *Philosophische Untersuchungen über
das Wesen der menschlichen Freiheit und die damit zusammenhängenden Gegenstände* (1809) entfaltet hat, hebt die
klassische Metaphysik des Geistes auf. Sie weist auf die
philosophischen Systeme Schopenhauers und Nietzsches sowie auf deren wissenschaftliche Fortbildung in der modernen Anthropologie und Psychoanalyse voraus. Ebendies

arbeitet Walter Schulz in seinem Essay *Freiheit und Geschichte in Schellings Philosophie* heraus.

stw 139 *Materialien zu
Schellings philosophischen Anfängen*
Herausgegeben von
Manfred Frank und Gerhard Kurz
480 Seiten
Schellings philosophische Anfänge sind noch weitgehend unaufgeklärt. Der vorliegende Materialienband macht daher in erster Linie auf ein Desiderat der Forschung aufmerksam: Welche Bedeutung hat Schellings Philosophie für die Entwicklung des Deutschen Idealismus? Welche politischen Implikationen hat seine Philosophie? – Der Band bietet unter zugleich chronologischen und systematischen Gesichtspunkten Quellen und Abhandlungen zu wesentlichen Aspekten der Frühphilosophie Schellings.

stw 141 Karl-Otto Apel
Der Denkweg von Charles Sanders Peirce
Eine Einführung in den amerikanischen Pragmatismus
384 Seiten
Apels Darstellung des philosophischen Hintergrundes der Entstehung des Pragmatismus bei Charles Sanders Peirce und von Peirces Denkweg vom Pragmatismus zum Pragmatizismus ist eine umfassende Auseinandersetzung mit dem Werk von Peirce, die den historischen Ort dieses Werkes bestimmt und seine vielfältigen fruchtbaren Wirkungen für das philosophische und wissenschaftstheoretische Denken der letzten Jahrzehnte aufweist. Sie ist zugleich eine Einführung in den Pragmatismus, den Apel – neben dem Marxismus und dem Existentialismus – als eine der heute wirklich funktionierenden Philosophien begreift, das heißt: als eine Philosophie, die Theorie und Praxis des Lebens faktisch vermittelt.

stw 144 *Seminar: Philosophische Hermeneutik*
Herausgegeben von Hans-Georg Gadamer und Gottfried Boehm
352 Seiten
Die philosophische Hermeneutik lehrt keine bestimmte Wahrheit, vielmehr repräsentiert sie ein kritisches Reflexionswissen, dem es darum geht, Erkenntnischancen offenzulegen, die ohne sie nicht wahrgenommen würden.

stw 145 G. W. F. Hegel
Grundlinien der Philosophie des Rechts oder Naturrecht
und Staatswissenschaft im Grundrisse
Mit Hegels eigenhändigen Notizen und den mündlichen
Zusätzen
544 Seiten
Hegels »Rechtsphilosophie – darin liegt das Geheimnis
ihrer gedanklichen Provokationen und ein Schlüssel zu
ihrer wechselvollen Wirkungsgeschichte – ist philosophi-
sches Lehrbuch und politische Publizistik, gelehrter Traktat
und aktuelle Kampfschrift in einem.« (Manfred Riedel)

stw 146 Shlomo Avineri
Hegels Theorie des modernen Staats
Übersetzt von R. und R. Wiggershaus
336 Seiten
Avineris Studie rekonstruiert die politische Philosophie
Hegels. Sie macht deren Stellenwert – insbesondere den
der Rechtsphilosophie – einerseits in Hegels philosophischem System, andererseits in den politischen Auseinandersetzungen seiner Zeit klar. Hegels politische Philosophie
erscheint als der erste große Versuch, den ökonomischen
und gesellschaftlichen Gegebenheiten der Moderne gerecht
zu werden.

stw 147 Sören Kierkegaard
Philosophische Brocken
De omnibus dubitandum est
Übersetzt von Emanuel Hirsch
208 Seiten
Das zentrale Thema der Schrift *Philosophische Brocken* ist
das Verhältnis von Wissen und Glauben. Ein vorläufiger
Titel Kierkegaards lautete: »Die apologetischen Voraussetzungen der Dogmatik oder Annäherungen des Gedankens
an den Glauben«. Der Titel *Philosophische Brocken* wendet
sich ironisch gegen den Totalitätsanspruch der idealistischen
(insbesondere der Hegelschen) Systemphilosophie.

stw 148 Fredrick C. Redlich/Daniel X. Freedman
Theorie und Praxis der Psychiatrie
Aus dem Amerikanischen von Hermann Schultz und
Hilde Weller
1216 Seiten. 2 Bände

Dieses Lehrbuch wendet sich an Studenten und Ärzte, insbesondere Nervenärzte, an Psychologen, Soziologen und Sonderschulpädagogen, an Sozialarbeiter, medizinisches Pflegepersonal und interessierte Laien – kurz: an alle, die in ihrer Ausbildung oder in ihrer beruflichen Praxis mit den Problemen psychischer Gesundheit und Krankheit zu tun haben. Psychiatrie wird von den Verfassern als eine *angewandte Humanwissenschaft* verstanden, die sich mit Erforschung, Diagnose, Vorbeugung und Behandlung gestörten oder von der Norm abweichenden Verhaltens befaßt.

stw 149 Urs Jaeggi
Theoretische Praxis
224 Seiten
In der deutschen Strukturalismus-Debatte ist der strukturale Marxismus in die sozialphilosophische Fragestellung aufgesogen worden. Als Kritiker am Hyper-Empirismus, als Gegner der »Rhapsodie von Fakten«, steht er andererseits quer sowohl zu einem Spät- oder Neohegelianismus wie auch zu den Exerzitien einer wortgetreuen Marx/Engels-Exegese. Jaeggi versucht herauszuarbeiten, weshalb der strukturale Ansatz dabei nicht gegen die historischmaterialistische Methode ausgespielt werden kann, sondern im Rahmen des historischen Materialismus richtige Fragen formuliert und reformuliert.

stw 151 Clemens Lugowski
Die Form der Individualität im Roman
Mit einer Einleitung von Heinz Schlaffer
240 Seiten
Seit ihrem ersten Erscheinen (1932) ist Lugowskis Abhandlung nur wenigen Fachgelehrten bekanntgeworden: einer der bedeutendsten Beiträge zur Literaturwissenschaft ist noch zu entdecken. Seine Parallelen liegen außerhalb der zünftigen Germanistik: in Cassirers *Philosophie der symbolischen Formen,* in den kunsttheoretischen Arbeiten der Warburg-Schule, im russischen Formalismus.
In der gegenwärtigen Situation der Literaturwissenschaft, die sich in textlinguistische und sozialgeschichtliche Schulen getrennt hat, kann dieses Buch an vergessene Vermittlungen erinnern: an ästhetische Sinnformen, an die besondere Weise der Dichtung, Leben und Welt deutend darzustellen.

stw 154 Jürgen Habermas
Zur Rekonstruktion des Historischen Materialismus
352 Seiten
Die in diesem Band zusammengefaßten Arbeiten zielen
alle auf die Rekonstruktion des Historischen Materialismus ab. Rekonstruktion heißt hier: eine Theorie ausein-
andernehmen und in neuer Form wieder zusammensetzen,
um das Ziel, das sie sich gesetzt hat, besser zu erreichen.

stw 155 Peter Weingart
Wissensproduktion und soziale Struktur
256 Seiten
Die in diesem Band zusammengefaßten Arbeiten zielen
alle auf die Begründung und Explikation eines neuen An-
satzes in der Wissenschaftssoziologie. Ihr systematischer
Zusammenhang ergibt sich aus dem Versuch, Wissen als
»soziale Kategorie« zu fassen. Damit eröffnet sich die
Möglichkeit, die historische und aktuelle Analyse der Wis-
senschaftsentwicklung und -politik über die Beschränkungen der in diesem Feld vorherrschenden Begriffsraster hin-
auszutreiben.

stw 156 *Seminar: Kommunikation, Interaktion, Identität*
Herausgegeben von Manfred Auwärter, Edit Kirsch
und Klaus Schröter
Der Band enthält Arbeiten aus der Interaktions- und Kom-
munikationsforschung, die u. a. als Beiträge zur Klärung
folgender Fragen gesehen werden können: Wie interpretieren Individuen wechselseitig ihre Äußerungen und Handlungen? Wie stimmen sie Erwartungen aufeinander ab?
Wie verhalten sie sich im Fall der Enttäuschung von Erwartungen? Was folgt daraus für den Prozeß, in dem
grundlegende interaktive und kommunikative Fähigkeiten
erworben werden und Identitäten aufgebaut und bewahrt
werden?

stw 157 Heinz Kohut
Narzißmus
Eine Theorie der psychoanalytischen Behandlung
narzißtistischer Persönlichkeitsstörungen
Aus dem Amerikanischen von Lutz Rosenkötter
400 Seiten

»Ohne Frage ist dieses Buch ein Meilenstein, nicht nur in der Fortentwicklung der Psychoanalyse über Freuds ursprüngliche Ansätze hinaus, sondern auch im so langsam und zäh fortschreitenden Erkenntnisprozeß des Menschen über seine eigene Natur.«   *Jürgen vom Scheidt*

stw 158 Norbert Elias
Über den Prozeß der Zivilisation
Soziogenetische und psychogenetische Untersuchungen
Erster Band: Wandlungen des Verhaltens in den weltlichen Oberschichten des Abendlandes
350 Seiten

stw 159 Norbert Elias
Über den Prozeß der Zivilisation
Soziogenetische und psychogenetische Untersuchungen
Zweiter Band: Wandlungen der Gesellschaft. Entwurf zu einer Theorie der Zivilisation
508 Seiten
Die Soziologie des 20. Jahrhunderts konzentriert sich vor allem auf Zustände. Die langfristigen Transformationen der Gesellschaft und Persönlichkeitsstrukturen hat sie weitgehend aus den Augen verloren. Im Werk von Norbert Elias bilden diese langfristigen Prozesse das zentrale Interesse: Wie ging eigentlich die »Zivilisation« im Abendlande vor sich? Worin bestand sie? Und welches waren ihre Antriebe, ihre Ursachen oder Motoren?
Bei Elias' Arbeit handelt es sich weder um eine Untersuchung über eine »Evolution« im Sinne des 19. Jahrhunderts noch um eine Untersuchung über einen unspezifischen »sozialen Wandel« im Sinne des 20.; seine Arbeit ist grundlegend für eine undogmatische, empirisch fundierte soziologische Theorie der sozialen Prozesse im allgemeinen und der sozialen Entwicklung im besonderen.

stw 160 Hans G. Furth
Intelligenz und Erkennen
Die Grundlagen der genetischen Erkenntnistheorie Piagets
Übersetzt von Friedhelm Herborth
384 Seiten
Hans G. Furth hat den ersten Versuch einer systematischen Darstellung der Theorie Piagets unternommen, und er hat,

wie Piaget selbst es formuliert, »diese Aufgabe außerordentlich erfolgreich gelöst«. Piaget zwingt zu einer Revolution unserer Anschauungen, wie es außer ihm in der Neuzeit nur Kopernikus, Darwin und Freud getan haben.

stw 164 Karl-Otto Apel
Transformation der Philosophie
Band 1: Sprachanalytik, Semiotik, Hermeneutik
384 Seiten

stw 165 Karl-Otto Apel
Transformation der Philosophie
Band 2: Das Apriori der Kommunikationsgemeinschaft
464 Seiten
Transformation der Philosophie meint die Transformation der Transzendentalphilosophie des Privat-Subjekts in eine Transzendentalphilosophie der Intersubjektivität.

stw 166 *Seminar: Theorien der künstlerischen Produktivität*
Entwürfe mit Beiträgen aus Literaturwissenschaft, Psychoanalyse und Marxismus
Herausgegeben von Mechthild Curtius unter Mitarbeit von Ursula Böhmer
464 Seiten
Die in diesem Band versammelten Beiträge aus westlichen und östlichen Ländern geben einen Überblick über den gegenwärtigen Stand der »Theorie« künstlerischer Produktivität und einen Ausblick auf mögliche Weiterentwicklungen dieser Theorie.

stw 176 Emile Durkheim
Soziologie und Philosophie
Mit einer Einleitung von Theodor W. Adorno
Übersetzt von Eva Moldenhauer
160 Seiten
Die Aufsätze und Diskussionsbeiträge, die unter dem Titel *Soziologie und Philosophie* zusammengestellt und zuerst 1924 veröffentlicht wurden, führen in ein für Durkheims Denken zentrales Gebiet: in die von ihm intendierte Wissenschaft der Moral, die sowohl individuelle als auch kollektive moralische – und das heißt zugleich anthropologische, psychologische und soziologische – Phänomene erfassen will.

Alphabetisches Verzeichnis der
suhrkamp taschenbücher wissenschaft